·语文阅读推荐丛书·

孟子选注

李炳英／选注

人民文学出版社

图书在版编目(CIP)数据

孟子选注/李炳英选注.—北京:人民文学出版社,2018(2021.2重印)
(语文阅读推荐丛书)
ISBN 978-7-02-013745-9

Ⅰ.①孟… Ⅱ.①李… Ⅲ.①儒家②《孟子》—注释 Ⅳ.①B222.52

中国版本图书馆 CIP 数据核字(2020)第 139383 号

责任编辑　胡文骏
装帧设计　李思安　崔欣晔
责任印制　王重艺

出版发行　人民文学出版社
社　　址　北京市朝内大街 166 号
邮政编码　100705
网　　址　http://www.rw-cn.com

印　　刷　三河市博文印刷有限公司
经　　销　全国新华书店等

字　　数　152 千字
开　　本　650 毫米×920 毫米　1/16
印　　张　14　插页 1
印　　数　47001—52000
版　　次　2003 年 5 月北京第 1 版
印　　次　2021 年 2 月第 9 次印刷

书　　号　978-7-02-013745-9
定　　价　22.00 元

如有印装质量问题,请与本社图书销售中心调换。电话:010-65233595

出 版 说 明

  从2017年9月开始,在国家统一部署下,全国中小学陆续启用了教育部统编语文教科书。统编语文教科书加强了中国优秀传统文化教育、革命传统教育以及社会主义先进文化教育的内容,更加注重立德树人,鼓励学生通过大量阅读提升语文素养、涵养人文精神。人民文学出版社是新中国成立最早的大型文学专业出版机构,长期坚持以传播优秀文化为己任,立足经典,注重创新,在中外文学出版方面积累了丰厚的资源。为配合国家部署,充分发挥自身优势,为广大学生课外阅读提供服务,我社在总结以往经验的基础上,邀请专家名师,经过认真讨论、深入调研,推出了这套"语文阅读推荐丛书"。丛书收入图书百余种,绝大部分都是中小学语文课程标准和统编语文教科书推荐阅读书目,并根据阅读需要有所拓展,基本涵盖了古今中外主要的文学经典,完全能满足学生成长过程中的阅读需要,对增强孩子的语文能力,提升写作水平,都有帮助。本丛书依据的都是我社多年积累的优秀版本,品种齐全,编校精良。每书的卷首配导读文字,介绍作者生平、写作背景、作品成就与特点;卷末附知识链接,提示知识要点。

  在丛书编辑出版过程中,统编语文教科书总主编温儒敏教授,给予了"去课程化"和帮助学生建立"阅读契约"的指导性意见,即尊重孩子的个性化阅读感受,引导他们把阅读变成一种兴趣。所以本丛书严格保证作品内容的完整性和结构的连续性,既不随意删改作品内容,也不破坏作品结构,随文安插干扰阅读的多余元素。相信这套丛书会成为广大中小学生的良师益友和家庭必备藏书。

人民文学出版社编辑部

2018 年 3 月

目　次

导读 ··· 1

王立于沼上章 ··· 1
寡人之于国也章 ··· 3
寡人愿安承教章 ··· 7
晋国天下莫强焉章 ·· 10
孟子见梁襄王章 ·· 13
齐桓晋文之事章 ·· 15
庄暴见孟子章 ·· 24
文王之囿章 ·· 27
齐宣王见孟子于雪宫章 ·· 29
人皆谓我毁明堂章 ·· 33
王之臣有托其妻子于其友章 ·· 37
所谓故国者章 ·· 39
汤放桀章 ·· 41
齐人伐燕胜之章 ·· 43
齐人伐燕取之章 ·· 45
邹与鲁哄章 ·· 48
滕小国也间于齐楚章 ·· 50

夫子当路于齐章	51
宋人有闵其苗之不长章（节录）	55
矢人岂不仁于函人哉章	56
子路人告之以有过章	58
天时不如地利章	60
孟子将朝王章	62
前日于齐章	67
孟子之平陆章	69
燕人畔章	71
孟子致为臣而归章	74
孟子去齐尹士语人章	77
有为神农之言者章	79
公孙衍张仪章	89
后车数十乘章	92
宋小国也章	96
孟子谓戴不胜章	99
不见诸侯何义章	101
什一去关市之征章	103
外人皆称夫子好辩章	105
陈仲子岂不诚廉士哉章	110
离娄之明章	114
规矩方员之至也章	117
不仁者可与言哉章	119
桀纣之失天下也章	121
求也为季氏宰章	123
君之视臣如手足章	125

仲尼亟称于水章	127
逢蒙学射于羿章	129
君子所以异于人者章	131
齐人有一妻一妾章	133
娶妻如之何章	136
伊尹以割烹要汤章	140
伯夷目不视恶色章	143
齐宣王问卿章	147
富岁子弟多赖章	149
无或乎王之不智也章	152
鱼我所欲也章	154
拱把之桐梓章	157
人之于身也章	158
钧是人也章	160
任人有问屋庐子章	162
人皆可以为尧舜章	165
今之事君者章	168
丹之治水也愈于禹章	169
鲁欲使乐正子为政章	170
舜发于畎亩之中章	172
舜之居深山之中章	175
易其田畴章	176
孔子登东山章	177
有为者章	179
道则高矣美矣章	180
不仁哉梁惠王也章	182

尽信书则不如无书章 …………………………… *184*

民为贵章 …………………………………………… *185*

山径之蹊间章 ……………………………………… *187*

人皆有所不忍章 …………………………………… *188*

说大人则藐之章 …………………………………… *190*

孔子在陈章 ………………………………………… *192*

知识链接 …………………………………………… *196*

导　读

一

中国的春秋、战国时代，社会经济正在急剧变化。由于生产力空前提高，经济繁荣，宗族领主土地所有制正向家族地主土地所有制转化。因此，统治阶级内部的矛盾愈益尖锐化和复杂化——诸侯与诸侯之间，诸侯与大夫之间，大夫与大夫之间在政治上、经济上展开了剧烈的斗争。强凌弱，大并小，形成七个大国称王、争帝，合纵、连横的局面，逐渐演变为由割据形势趋向统一的发展。然而，连续不断的战争和横征暴敛对人民的剥削压迫，却使人民陷入长期水深火热的严重灾难。由于经济变化形成社会分工的结果所产生的或由庶民上升或由贵族没落而成为不农、不工、不商的专业的"士"，特别是其中的"学士"、"策士"，在这社会激烈动荡的时期，代表着自己的阶级利益，反映当时错综复杂的思想斗争，越发活跃起来了。他们各说一套大道理——或者针对现实，发表政纲；或者揣摩风气，争取功名；或者愤世嫉俗，尚论古人——各自聚集门徒，奔走四方，"上说下教"，著书立说。这在学术思想上就表现为"百家争鸣"的蓬勃发展的气象；不但对当时社会发展起了一定的推动作用，而且也为后来整个封建时期的思想界开辟了广阔的道路。

儒家学说以"仁"、"义"、"礼"、"乐"为中心，一方面主张等级、名分，维持封建统治秩序；一方面强调"民为邦本"，要求照顾人民生活；这种思想，一直支持着中国两千馀年封建社会的发展。创立儒家的孔子死了以后，儒分为八（子张之儒，子思之儒，颜氏之儒，孟氏之儒，漆雕氏之儒，仲良氏之儒，孙氏之儒，乐正氏之儒：见《韩非子·显学》）；但自伟大的文学家兼史学家司马迁把孔子和孟子相提并论，后世都以孔孟并称，一般认为继承孔子的嫡派大师就是孟子。

孟子，名轲，邹国（今山东邹县）人，大约生于公元前372年，死于公元前289年。他是鲁国贵族孟孙氏的后裔，没落为"士"，受学于孔子之孙子思的门人，成为儒家曾子、子思学派的继承者，并发展了这一学派。学成，为了实现他的抱负，他游说诸侯，经历邹、任、齐、鲁、宋、滕、梁（魏）等国；仕齐为"卿"数年，在梁甚被优礼。但齐宣王、梁惠王这些大国诸侯都认为他的主张不合时宜，尽管对他十分优待，却并不采用他的建议。在这种情况下，他不贪恋名位，罢官而去，著书立说，教授门徒，把自己的理想寄托于将来。他停止政治活动以后，便和他的弟子万章、公孙丑等把他的学说——即政治主张、哲学理论、教育纲领等——整理成书，传于后世。这就是流传至今的《孟子》七篇。

二

孟子站在"士"的立场，为要维护统治阶级的利益，因而对封建统治阶级内部，发表了以"仁义"为主导思想的学说，希望他们能够"正心"、"诚意"、"修身"、"齐家"，从而"治国平天下"。全部学说内容包括"性善"、"道尧舜"、"民贵君轻"，颂扬"汤武"、反对"桀纣"，强调"仁政"、反对战争，排摈"杨墨"、批评"陈仲、许行、公孙衍、张仪……"等等，都是为了教育统治阶级内部各阶层人们，或向高级统治者建议，如何做到"得其民斯得天下"；但他对人民生活是具有很大的同情的，从而表现了他的人道主义思想。这里就全书中富有人民性的也即是孟子学说中比较进步的民主思想因素，简要地说明如下：

一、"战国"人民是在战争、贫穷、饥饿的日子里呻吟着的：一方面是"争地以战，杀人盈野；争城以战，杀人盈城"七个大国的相互争雄；另一方面是"庖有肥肉，厩有肥马，民有饥色，野有饿莩"的统治阶级与人民的矛盾日益加深。这种残酷的现象，正如孟子所说："民之憔悴于虐政，未有甚于此时者也。"孟子呼吁"仁政"，对当时灾难深重的历史现实来说，是具有一定人民性的。孟子的"仁政"论的哲学基础，是"性善"论，推行"仁政"的关键，完全在于君主个人内省"仁术"，"扩而充之"。这是一种完全主观唯心论的政治哲学。不过"仁政"的某些具体纲领，客观上曲折地反映了当时人民愿望的一部分，倘能实现，在改进人民物质生活状况方面自有一定的作用。孟子所提出的"仁政"的要求：与民"同忧"、"同乐"、"同好"、"同恶"；对人民的生活需要,不但要给予他们,而且要让他们积蓄生活资料像"水火"那样多;让他们有"恒产",人人"不饥不寒"——老者还要能"衣帛"、"食肉","养生丧死无憾";让他们的"鳏、寡、孤、独"都能存活;让他们得有工夫学习"孝父母、敬长上",大家"守望相助,疾病相扶持"等等。他说:平时统治者不问人民疾苦,在打仗的时候,人民当兵,在战场上不去营救带兵官的死伤,这是人民对统治者正当的报复。他说,国君用人和杀人,都应该尊重"国人"的意见。他以雄辩的语言,随时随地向着当时诸侯鼓吹他的"仁政"思想。对大国之君如齐宣王、梁惠王这类怀抱政治野心的,他就劝他们不要用战争侵略的手段,企图当一个霸君,要扩大政治纲领,实行"仁政",争取人民的拥护,为"天下之王"。对小国之君如滕文公、邹穆公这类害怕大国侵略,避免战争威胁的,他也劝他们实行"仁政",团结人民,保卫自己的国土。有时,他还从利害、荣辱的关系指出"仁"与"不仁"的不同后果。他为了"仁政"纲领顺利地下达于人民,还给指出"为政不难,不得罪于巨室"的政治路线。"巨室"就是"卿大夫之家",在封建统治组织形式上,他们拥有一定的土地、人民,是封建统治的基础,孟子曾经指出"天下之本在国,国之本在家"。在这里,就可以看出孟子推行"仁政"的目的,在于维护以"巨室"为基础的封建统治阶级的利益。所以他又说:"得天下有道,得其民,斯得天下矣;得其民有道,得其心,斯得民矣;得其心有道,所欲与之聚之,所恶勿施尔也。"为了"得天下",巩固封建统治,必须贯彻执行"仁政"纲领,使"恩泽"下达于人民,以争取民心之归向。这又说明孟子以实施"仁政"企求统一当时统治阶级四分五裂的局面的愿望。因之,他的"仁政"主张,有消极的一面,但也有积极的一面——包含有一定程度的民主因素。

二、孟子的"民贵君轻"主张，也是作为全部学说的中心思想来表现的。他提出"民为贵，君为轻"的政治原理，并且说"得乎丘民（民众）"才得为"天子"。他认为残害人民的"君"不应该被看待为"君"；因而他对齐宣王说：诛杀残害人民的"君"是"诛一夫（失掉人民同情的'独夫'）"，不是"弑君"。这些道理，主要在于教育当时统治阶级要懂得"民贵君轻"的好处，通过实施"仁政"，使民心归向。不要使自己像纣一样变为"独夫"。孟子为统治者说教的同时，却也使他的"民贵君轻"的思想，在封建社会里发生好的影响。他又公然对齐宣王指出君臣的相对关系——"君之视臣如手足，则臣视君如腹心……君之视臣如土芥，则臣视君如寇仇。"并说明：要是君能"谏行言听，膏泽下于民"，臣才遵守"礼"的意义，对君发生感情。他反对拘守"礼"的形式、绝对服从君命的态度和作风。这些都是"民贵君轻"思想的演绎，影响到后世一些进步思想家在封建社会接近或正在崩溃的时期的民主思想的发展。例如：明朝灭亡以后的黄宗羲在《原君》和《原臣》两篇文章里，痛斥历代专制君主以天下为私产，"屠毒"人民的罪恶；明白指出"天下为主，君为客"，"今也，天下之人怨毒其君，视之如寇仇，名之为独夫，固其所也"，"我（臣）之出而仕也为天下，非为君也；为万民，非为一姓也"；并且说："孟子之言，圣人之言也。"像黄宗羲这样的"民主"和爱国主义相结合的思想，显然是受到孟子学说的影响而又有了发展的。

三、孟子教育"士"要关心人民疾苦，因此，"士"就需要"仕"；但"仕"是为了"行道"，而不是为了自己的"向上爬"。他歌颂：

>禹思天下有溺者,犹己溺之也;稷思天下有饥者,犹己饥之也。

>予(伊尹)将以斯道觉斯民也,非予觉之而谁也?思天下之民——匹夫匹妇有不被尧舜之泽者,若己推而内(纳)之沟中。

同时,他又指出伊尹"自任以天下之重"的积极思想是有其"自洁其身"的修养基础的。这个基础必须巩固才能"行道",所以他反对苟求"富贵利达",仕"不由其道","以顺为正"。他歌颂"富贵不能淫,贫贱不能移,威武不能屈"的"大丈夫"气节。这不但表示了他具有严正的自尊心,而且因为不这样做就不能"行道",他说:"枉己者未有能直人者也。"

孟子的思想,也有落后的一面。

孟子是以他的"君子存之,庶民去之"的"性善论"来作为他的许多主张的理论根据的。孟子把他所代表的统治阶级利益的道德观点硬说是人类共同的道德观点,把阶级的偏见强加到其他阶级的头上,把当时统治阶级制定的君臣父子的伦理秩序认为是天经地义,是出于人的本性,这就是把自己阶级所要求的"人性"当做了全人类的"人性",并且认为是"善"的。孟子的思想既然打上了这样的阶级烙印,因之,当墨子为小私有者和手工业者提出某些政治要求时,他就蛮横地骂墨家是"禽兽"了。

其次,孟子还发挥了儒家的天命论,他认为"五百年必有王者兴,其间必有名世者"。把历史发展过程理解为循环式的运动,理解成为过去事物的简单重复。这种历史循环论,旨在养成人们的永恒观念,给当时和后来为封建统治阶级服务的命定论奠定了基础。司马迁《史记·太史公自序》写道："先人有言,自周公卒五百岁而有孔子,孔子卒后至于今五百岁,有能绍明世,正《易传》,继《春秋》,本《诗》《书》《礼》《乐》之际,意在斯乎!小子何敢让焉。"这种思想,显然是承受孟子的衣钵而来的,因之,司马迁在《史记·高祖本纪》更强调和发挥了这种论点："夏之政忠;忠之敝,小人以野,故殷人承之以敬;敬之敝,小人以鬼,故周人承之以文;文之敝,小人以僿,故救僿莫若以忠。三王之道若循环,终而复始。"(此外,如《尚书大传略说》、《春秋纬元命苞》及《风俗通义·皇霸篇》,都有同样的论调。)这种历史循环论,在中国社会发展史上,起了极不良好的影响。

同时,孟子还继承了儒家的等级思想而加以发挥。他把所有的人分成"君子"与"野人"或"劳心者"与"劳力者"两个等级,他把统治者当做"君子"、"劳心者",把劳动人民当做"野人"、"劳力者",认为"无君子莫治野人,无野人莫养君子",从而指出"劳心者治人,劳力者治于人"是"天下之通义",为统治阶级压迫剥削劳动人民制造理论根据。这和他的"民贵君轻"的思想显然是矛盾的,但和他"不得罪于巨室"的思想又是完全一致的。《孟子》七篇中就充满了这样一些矛盾思想。

他这些落后思想,是和他的阶级出身和所处的时代局限性分不开的。

三

为了适应"百家争鸣"的学术思想的蓬勃发展,光凭简奥的词句、质朴的记述,不够表达丰富多彩、错综复杂的思想内容,这就要求文理密察、纵横驰骋、波澜壮阔的论辩形式以资运用;而当时书简工具的进步、帛书的发明以及交通发达、典籍流传的逐渐普遍,已为这种形式提供了有利条件,因而散文到了战国时代进入了新的发展阶段。和儒家经典传记着重记载史料和阐述经义的任务不同,诸子散文发表各家独辟的见解,宣传"一家之言","持之有故,言之成理"地向异己学派作斗争。从《论语》到《孟子》这个历史阶段,《孟子》已经从像《论语》那样的语录体的形式——文章和语言结合,记述和论辩交错,或表现为简明扼要的格言教条——发展成为长篇大论的散文。《孟子》的出现,是古典散文从章到篇的划时代的作品。在这部作品里,不管是义正词严的说理文也好,高谈雄辩的辩论文也好,幽默谐趣的讽刺文也好,都具有明畅、犀利的风格。宋苏洵论"孟子之文,语约而意尽,不为巉刻斩绝之言,而其锋不可犯"(《上欧阳内翰书》)。鲁迅说:"孟子生当周季,渐有繁辞,而叙述则时特精妙。"(《汉文学史纲要》)孟子在当时就有"好辩"之称,从他在问题的辩论和说明上,看出他思考敏锐,善于掌握问题中的矛盾变化情况,驰骋自如,加以使用语言的技巧,也达到高度的纯熟和正确,因之作为文章表现出来就显得深入浅出,轻快流利,富于刺激性与说服力。孟子不仅是一个"好辩"之士,而且也是一个"知言"之人,他自己曾经说过:"诐辞知其所蔽,淫辞知其所陷,邪辞知其所离,遁辞知其所穷。"这种本领,用于批评别人固然重要,就是用于自己的创作,也是很重要的。分析《孟子》散文的艺术特点,可从以下几方面说明:

一、善于使用譬喻。譬喻把所要表达的思想的逻辑性,精练地表现为人们的常识最容易感受到的直觉对象,省却许多语言,说明了复杂的问题,这是孟子最擅长的。例如:他用"每天偷别人一个鸡的偷盗行为改为每月偷一个鸡"的譬喻,指责那不肯立即改正错误的人;用不着阐述理由,使那受指责者无可答辩。梁惠王平时不行"仁政",到了凶年,做一点点临时性的对少数人的救济事务,因而沾沾自喜。孟子说,这是和"畏怯敌人,从战场上退却五十步的人讥笑那退却百步的人"一样地可鄙。像这样尖锐、辛辣的譬喻,其作用胜过使用多量语言的批评。又如:他对急于求成的作风,给予"揠苗助长"的讽刺;同时也指出那放任自流的懒汉和"不耘苗者"一样地得不到收获。全书二百六十一章中,就有九十三章总共使用着一百五十九种譬喻。

二、善于使用"相反相成"、"因势利导"的方法,进行论辩,以加强说服力。在不同意见的对象面前,如果一开始便从正面"开门见山"地把自己的意见摆出来,那会使人只感到"异"而不感到"同",往往引起抵触或厌倦,从而增加解决矛盾的困难,减少说服力。《孟子》书中论辩式的文章则与此相反,孟子善于掌握论敌的思想矛盾发展情况,善于从反面或侧面顺着对方的意思,作起波澜,一纵一擒地诱导对方思想上的积极因素发生作用,逐渐减轻消极方面的抵抗,以便于把自己的意见投入对方的心坎。例如:他把齐宣王"好货、好色、好乐、好勇"的缺点,都说成可以行施"仁政"和争取"王天下"的条件;他把"以羊易牛"、受到百姓批评等弄得齐宣王在思想上搞不通的小问题,解释得清清楚楚,指出这是"仁术",是"保民而王"的大事业的基础。又如:他顺着陈贾为齐王辩护错误的说法,在承认陈贾自以为得到胜利的"然则圣人且有过与"的结论下,忽然掉转话头,严厉指出陈贾替齐王掩饰错误的卑鄙企图。又如:他对陈相,以从容不迫的问答方式,一层一层地逐渐引出陈相"百工之事固不可耕且为也"的结论,随即根据对方的论点,及时地宣传自己的主张,文字上显得波澜壮阔,内容丰富。

三、善于使用简练的词句,揭发矛盾,突出主题,形成短小精悍的结构。例如:

> 孟子谓齐宣王曰:"王之臣有托其妻子于其友而之楚游者,比其反也,则冻馁其妻子,则如之何?"王曰:"弃之。"
>
> 曰:"士师不能治士,则如之何?"王曰:"已之。"
>
> 曰:"四境之内不治,则如之何?"王顾左右而言他。

全章总共只有七十四字,用着两个譬喻,恰如其分地把统治阶级应该对人民负政治责任的主题思想表达得明明白白,减少一字一句不可能,增加一字一句也成废话;"王顾左右而言他"写出齐王心情何等激动!又如"孟子之平陆"章,用一个问题教育了统治阶级两方面的人,对不同对象,采取了不同的教育方法——一从正面说服,一从侧面启发;在短短百馀字的文章里完成了表达任务。正由于扣紧主题,抓住要害,一口气也不放松、一句话也不含糊地注定要在对方思想上解决问题,就使得两人都自觉地承认了错误。这在文章里表现为结构的紧凑和语言的简练明快,显出思想性与艺术性的高度统一。

四、善于处理寓言故事,通过寓言故事,作为说理的工具,使精辟简练的文笔更富于形象性。在"齐人有一妻一妾"章里,写"良人":首先,"问所与饮食者,则尽富贵也"一句,写出那垂涎富贵的情态,已令人感到十分可鄙;其次,"未尝有显者来"、"遍国中无与立谈者"表示其言可疑,更令人难受;再次,点明

"之东郭墦间,之祭者乞其馀,不足,又顾而之他",毫不容情地把丑相尽情毕露,更令人啼笑皆非;最后,还来一个"施施从外来,骄其妻妾",那就使人除了长叹一声"真不知人间有羞耻事"而外,还有甚么可说的呢?再看写其妻:始而疑,继而惊,最后只有一哭;"今若此"三字表示无限感喟和痛心,这会让人不自觉地眼泪长流起来。主要是写"良人",对"妻"的描写也是衬托"良人"。如此简单的词句刻画如此复杂严重的心情、态度(包括语言和动作),说明作者表现手法的工巧。

在"娶妻如之何"章"校人烹鱼"那一段里,"始舍之,圉圉焉;少则洋洋焉,攸然而逝",十五个字,写出鱼初入水时的活动还略有不自然的样儿,随即表现洋洋得意的样儿,随即表现悠然自得、扬长而去,消逝在人们眼底的情景——何等细腻!何等生动!再看写"子产":他口中两个"得其所哉"已够说明这个聪明人被欺骗的情态;再从"校人"口中重述"烹而食之",重述"得其所哉!得其所哉",就更加重读者对"子产"聪明变成傻子的感觉,为"君子可欺以其方"一句增加力量。

四

西汉初年把《论语》、《孟子》作为"传记",设置"博士"从事研究。"博士"中有"汤武因天下之心而诛桀纣"的论调,显然和孟子"诛一夫"的口吻一致;专制皇帝以其触犯君臣名分,不准谈这个问题;后来"传记博士"也被撤销了。但是,伟大的文学家兼史学家司马迁却很尊重孟子,替他作列传,表扬他和孔子一样地遭受困厄,不肯阿世苟合的高尚品德,指出他的著作是阐述孔子的学说。从两汉的散文作品里，可以看到《孟子》的文辞常被称引。到了唐代，《孟子》这部书的影响就更大了；最显著的是把儒家的"道统"和"起八代之衰"的"文统"结合起来承担在自己肩头上的韩愈，俨然以"孟轲"自居。在散文的修养和锻炼方面，韩愈显然是受了《孟子》的重大影响的。例如：他的《原道》和《与孟尚书书》等作品，就显明地表现着受《孟子》风格的影响。唐宋古文家都主张"文以载道"，因而谈到《孟子》的文章，大抵结合思想方面，推崇备至。宋代作家或谓承孔子之后，惟孟子为"能言"，为"最知道"，而"其言乃世人之甚易知而切于事实"（欧阳修、曾巩）；或在诗歌中感慨地对"遗编"而想见其人的"风标"（王安石）；或把"文气"之说跟孟子的"善养浩然之气"联系起来说明文章的修养工夫（苏辙）。清代散文家对于《孟子》，或发表文章，写出自己阅读的心得体会（方苞）；或把它作为"古文"范例，选入散文总集中（《经史百家杂钞》）。自宋以后，《孟子》和《论语》一样，被作为宣传封建统治的思想武器，成为知识分子从儿童时代起必读的教科书；但在另一方面，从培养散文基础的角度来看，《论语》和《孟子》客观地起了广泛的示范作用。

五

《孟子》旧注，通行的有汉赵岐和宋朱熹两家。清戴震反对朱熹派歪曲原书意义，"玄之又玄"地空谈"心性"，著《孟子字义疏证》。清焦循著《孟子正义》，适当地运用训诂、考据的方法，阐明赵岐注；在有关的篇章里，并结合戴震的"疏证"，发展了赵岐注。

　　本书注释,基本上采用焦循的《正义》,但不墨守旧说,也从有关方面的说法斟酌去取;总之,要求文从字顺,尽量争取表达原文的真实意义。例如:"国君进贤如不得已",采用黄宗羲《孟子师说》;"舍皆取诸其宫中而用之",采用章太炎《新方言》。为便利爱好古典文学而接触文言机会较少的一般读者,注释使用通俗语言,力求浅近。但因古今语言变化很大,很难对所有词句都能找出相当的话恰切地对译出来;为了在训诂上尽量保持"本义"或"引申义",并不失掉原来的语气,本书注释采用以下方法:(一)对于一个词,必要时用两个以上意义相近的词来注释,让读者把它们结合起来,可能体会到原来一定的意义;(二)上下文串讲;(三)必要时说明词性和语法;(四)对现在少见的字或在文义上读法不同的字,用拼音注出读音;(五)在某些章里,对全章大意或写作技巧,作了一些说明,希望对读者有所帮助。正文依据宋大字本,校以阮刻注疏本和通行的集注本;但在注释中,一般不指出校勘上的异同字,以免分散读者的注意力。

人民文学出版社编辑部

王立于沼上章

孟子见梁惠王[1]。王立于沼上,顾鸿、雁、麋、鹿[2],曰:"贤者亦乐此乎?"[3]

孟子对曰:"贤者而后乐此,不贤者虽有此不乐也。《诗》云[4]:'经始灵台[5],经之营之;庶民攻之[6],不日成之[7]。''经始勿亟[8],庶民子来[9];王在灵囿[10],麀鹿攸伏[11]。''麀鹿濯濯[12],白鸟鹤鹤[13];王在灵沼,於牣鱼跃[14]。'文王以民力为台为沼,而民欢乐之,谓其台曰'灵台',谓其沼曰'灵沼',乐其有麋、鹿、鱼、鳖。古之人与民偕乐[15],故能乐也。《汤誓》曰[16]:'时日害丧,予及女皆亡!'[17]民欲与之皆亡,虽有台、池、鸟、兽,岂能独乐哉?"

注释

〔1〕梁:即"魏"。"魏"本是春秋时晋国大夫一个氏族之称,至韩、赵、魏三家分晋,战国开始的时候,就作为一个诸侯的国名。魏惠王因畏秦兵,自安邑(今山西安邑)迁都大梁(今河省开封),故"魏"又称为"梁"。惠王:名䓖,公元前370年即位,前334年死。周朝天子称"王",至战国时,诸侯也自称"王"。

〔2〕沼:池子。鸿:大雁。麋:鹿之一种。

〔3〕贤者:聪明正直的人(有时指才能优越的人)。乐:快乐,下同。

〔4〕《诗》:指《诗经》。以下十二句,每四句为一章,引自《诗经·大雅·灵台》篇。

〔5〕经始:经营、筑作基址。灵台:台名。

〔6〕庶民:众多的人民。攻:造作。

〔7〕不日成之:原不给予期限,但很快就建成了。

〔8〕亟(jí):同"急"。句意谓:"筑作基址的工程不用太急啊!"这说明不加督促的意思。

〔9〕庶民子来:民众像儿子为父母工作那样热情地来工作。

〔10〕王:指周文王。囿:是养禽兽的地方;和"灵台"一样被称为"灵"。"灵"有美好意,借以歌颂文王的美德。

〔11〕麀鹿:牝鹿。攸伏:在自己的处所,伏着不动。攸:所。

〔12〕濯濯:娱乐游动的样儿。

〔13〕鹤鹤:肥白的样儿。

〔14〕於(wū):感叹助词。牣:满。言跳跃的鱼充满池中。

〔15〕偕乐:同乐。

〔16〕《汤誓》:《尚书》的篇名。

〔17〕时:是,犹言"这个"。害(hé):何,此言何时。丧:灭亡。予:夏民自谓。女(rǔ):你,指夏桀。皆(xié)亡:共同灭亡。根据汉伏胜《尚书大传》说,夏桀自比为"日",有"日亡吾亦亡"的话。夏民在受桀暴虐压迫下,痛苦极了,迫切望他快快灭亡,呼吁着:"这个'日'何时灭亡啊!只要你灭亡,我们宁愿和你共同灭亡啊!"

章解

　　此章从正反两方面说明"与民偕乐"的主题思想;以"贤者而后乐此,不贤者虽有此不乐也"两句为提纲,引《诗》、《书》中文王的"贤"和夏桀的"不贤"作鲜明的对比,形象地描述人民欢乐与仇恨的情绪,突出"与民偕乐"的主题。

寡人之于国也章

梁惠王曰:"寡人之于国也,尽心焉耳矣[1]。河内凶,则移其民于河东,移其粟于河内[2];河东凶亦然[3]。察邻国之政,无如寡人之用心者[4];邻国之民不加少,寡人之民不加多[5],何也?"

孟子对曰:"王好战,请以战喻[6]:填然鼓之[7],兵刃既接,弃甲曳兵而走[8]——或百步而后止,或五十步而后止——以五十步笑百步,则何如?"[9]

曰:"不可,直不百步耳,是亦走也。"[10]

曰:"王如知此,则无望民之多于邻国也[11]。不违农时,谷不可胜食也[12];数罟不入洿池[13],鱼鳖不可胜食也;斧、斤以时入山林[14],材木不可胜用也;谷与鱼鳖不可胜食,材木不可胜用,是使民养生丧死无憾也[15]。养生丧死无憾,王道之始也[16]。

"五亩之宅,树之以桑[17],五十者可以衣帛矣[18];鸡、豚、狗、彘之畜,无失其时[19],七十者可以食肉矣;百亩之田,勿夺其时[20],数口之家,可以无饥矣;谨庠序之教[21],申之以孝悌之义〔22〕,颁白者不负戴于道路矣〔23〕;七十者衣帛食肉,黎民不饥不寒〔24〕:然而不王者〔25〕,未之有也。

"狗彘食人食而不知检〔26〕,涂有饿莩而不知发〔27〕;人死,则曰'非我也,岁也'〔28〕:是何异于刺人而杀之,曰'非我也,兵也〔29〕'?王无罪岁,斯天下之民至焉。"〔30〕

注释

〔1〕 寡人:王侯自称"寡人",谦言"寡德之人"。焉、耳、矣:都是句末助词,重叠使用,加重语气。句意谓惠王说:"我对于国家,总算很尽心了吧!"

〔2〕 河内:今河南济源一带地方。凶:谓年岁饥荒。河东:今山西安邑一带地方。粟:粮食。此言当河内荒年的时候,迁移壮年的人民就食于河东,搬运河东的粮食以赈济河内的老弱。

〔3〕 亦然:同样地移河东的人民于河内,移河内的粮食于河东。

〔4〕 察:了解。用心:与上文"尽心"同意。

〔5〕 加少:更少。加多:更多。当时诸侯割据,战争频繁,"老弱转乎沟壑,壮者散而之四方",到处感到人口不足的威胁,各国争以"来远人"为急务,故梁惠王向孟子提出这个问题。

〔6〕 好(hào)战:喜好打仗。喻:比譬。

〔7〕 填然:填塞、充满的样儿,形容鼓声盛大。鼓:作动词用,谓击鼓以进军。

〔8〕 兵:兵器,刀、剑、戈、矛等等。刃:锋利的刀。接:接触。甲:铠甲。曳:拖。走:奔跑。

〔9〕 "以五十"二句:认为自己才向后奔跑了五十步,因而讥笑跑了百步的人为怯弱。何如:对不对?

〔10〕 直:仅只。仅只不到百步而已,同样是怯弱而奔跑了。

〔11〕 "王知"二句:你如果知道五十步笑百步的不对,那末,你就不要希望你国的人民比邻国的人民更多;因为你虽然作了移民、移粟的临时性救济措施,

但你平时进行残害人民的政治,和邻国是同罪的。

〔12〕胜(shèng):尽。不妨害农作时间,粮食就吃不完。自此以下,孟子陈说所谓"王道"。

〔13〕数(shù)罟:细密的网,用以捕取小鱼。洿(wū):池。

〔14〕斤:大斧。以时:不失其时。《礼记·王制》篇云:"草木零落,然后入山林。"

〔15〕养生:对生者养活生命。丧死:对死者具备衣、衾、棺、椁等条件,完成丧葬的事。无憾:没有遗憾。

〔16〕王道:孟子政治哲学的中心概念,大致是希望统治者不要"以力服人",而要"以德服人",使人"中心悦而诚服","天下归往",这样来实现中国的统一。实际上是为封建统治者设想的一种较清醒、较"聪明"的统治术。但其中某些具体纲领,客观上曲折地反映了人民的部分要求,倘能实现,对于发展生产、改善人民生活自有一定的利益。始:开端。

〔17〕宅:家宅。宅在田野二亩半,在村庄二亩半,合为五亩(约合今一亩二分多)。春天开始耕作,出居田野;冬日农事毕,入居村庄。树:种植的意思,在宅墙边种植桑树。《尽心》上篇"伯夷辟纣"章说:"五亩之宅,树墙下以桑;匹妇蚕之,则老者足以衣帛矣。"

〔18〕衣(yì):穿着,作动词用。帛:丝织物。

〔19〕豚:小猪。彘:猪。畜:养。养育及时,不妨碍生殖。

〔20〕勿夺其时:即上文"不违农时"的意思。

〔21〕庠、序:都是学校。殷时叫做"序",周时叫做"庠"。谨庠序之教:办好学校教育。

〔22〕申之:加之。悌:敬爱长辈和老年人。

〔23〕颁白:头发半白。负:物在背上。戴:物在头上。

〔24〕黎:黑。黎民:犹"黔首"。在奴隶社会里,从事各种劳动的奴隶,都是露首跣足,后来统治阶级就把劳动人民叫做"黎民"或"黔首"。

〔25〕然:如此。王(wàng):被拥戴为王而得天下的意思。

〔26〕检:收积,储藏。不储蓄粮食,而一味享乐、浪费,以致猪狗吃人吃的

东西。

〔27〕饿莩(piǎo)：饿死的人。发：散发。大路上摆着饿死的尸体，还不把剥削人民的粮食散发出来。

〔28〕"则曰"句：像这样残酷的政治害死了人，反说："不是我害死的，而是由于年岁不好的缘故。"

〔29〕"是何"句：这和用兵器刺死了人，还说"不是我杀的，而是兵器杀的"，有什么两样？

〔30〕"王无罪"二句：孟子的意思：你要责备自己的残酷政治，不要归罪于年岁不好，改变政策，施行"王道"，那末，天下的人民都到你这儿来了。

章解

本章记述孟子针对梁惠王自满于移民、移粟，"望民加多"的矜功思想，提出"无罪岁"而责己的道理和博得人民拥护的基本办法，希望惠王实行"王道"。矜功是实行王道的思想障碍，而"望民加多"可能成为实行王道的因素。孟子用消灭消极因素、发展积极因素的教育方法，先摧毁惠王的自满情绪，然后引导他"望民加多"的思想趋向于"王道"。以"五十步笑百步"的生动譬喻，引起对方自觉的思想斗争，使惠王不得不"爽然自失"；接着说王道不是什么高深莫测的东西，应先从人民生活着手，做到"养生丧死无憾"、"黎民不饥不寒"；这是人民最基本的也是最低的要求，如果仅此都不给予他们而把饥寒的原因归罪于凶年，沾沾自喜于临时性的移民、移粟，而"望民之加多"，道理怎样说得过去呢？孟子于正面说教之后，用"狗彘食人食"数句精炼、生动的语言，对惠王"罪岁"而不责己的错误思想，给予尖锐的批评，归结到"无罪岁"而实行"王道"，那就不但人民"加多"，而且为"天下之民"所拥护的主题。

寡人愿安承教章

梁惠王曰："寡人愿安承教。"[1]

孟子对曰："杀人以梃与刃,有以异乎?"[2]

曰："无以异也。"

"以刃与政,有以异乎?"[3]

曰："无以异也。"

曰："庖有肥肉,厩有肥马[4];民有饥色,野有饿莩:此率兽而食人也[5]。兽相食,且人恶之[6];为民父母行政[7],不免于率兽而食人,恶在其为民父母也[8]?仲尼曰:'始作俑者,其无后乎[9]!'为其象人而用之也。如之何其使斯民饥而死也?"[10]

注释

〔1〕 安:安心乐意地,诚意地。承教:接受教训。

〔2〕 梃:木棒。刃:利刀。上"以"字犹"用",下"以"字是句中助词。

〔3〕 "以刃"二句:用利刀杀人和用政治杀人,有没有不同?

〔4〕 庖:厨房。厩:马房。

〔5〕率:与"由"、"用"等字的意义相通。以人吃的粮食来养那被国君玩耍、享乐的禽兽,人民因而缺乏粮食或不得粮食以致饿死,这就等于用禽兽去吃人。本书《离娄》上篇"求也为季氏宰"章"率土地而食人肉"句法与此相同。"肥肉"、"肥马"等句不过是施行残暴政治以满足国君贪欲的罪恶的举例之一;唐杜甫诗云:"朱门酒肉臭,路有冻死骨",正同此意。

〔6〕恶(wù):憎恨。比如虎狼食牛羊,人是不同情的。

〔7〕"为民"句:儒家把统治阶级的君主或官吏叫做"民之父母"。

〔8〕恶(wū):何。"为民父母"的意义何在?

〔9〕仲尼:孔子名丘,字仲尼。俑(yǒng):木偶人或土偶人,用以殉葬。仲尼的意思:虽然"俑"不是生人,但总是人的形象,用去殉葬,就是对人不爱的表示,就是"不仁";发明这个作法的,怕会遭到绝灭后嗣的报应吧!

〔10〕象人:具有人的形象。孟子的意思:孔子反对"作俑",是因为它具有人的形象,就不应该用去殉葬;那么,"为民父母"的怎么应该"使斯民饥而死"呢?

章解

此章紧接上章,开首便是梁惠王"愿安承教"的一句;由此可以看出这段谈话是和上章的谈话关联着的,梁惠王所表示愿意接受的教训即是上章所谈的"王道"。孟子所谓"王道",就是"仁政"(仁爱人民的政治)。他认为"仁政"的先决条件是"仁心",没有"仁心","仁政"是不可想象的。因此,此章以激发惠王的"仁心"为主题。孟子说:"不仁哉,梁惠王也!"(《尽心》下篇)但惠王自以为对人民是很尽心的,这说明惠王没有认识到自己思想的"不仁";所以,孟子从"仁"的认识上来启发他的"仁政"思想。全章不过一百二十五字,却使用着四个譬喻,生动地尖锐地指出"以政杀人"的"不仁"来引起惠王的警惕,提高他的觉悟;又以人们对兽相食尚且恶其残忍和仅只具有人的形象的俑尚且具有同情的道理,来说明人之所以不同于禽兽就是对人的同情,这样来激发惠王对人民的仁心。这和他的"大人者不失其赤子之心"的说法一样,正是从"性善"论的基础出发的。

晋国天下莫强焉章

梁惠王曰:"晋国,天下莫强焉,叟之所知也[1]。及寡人之身,东败于齐,长子死焉[2];西丧地于秦七百里[3];南辱于楚[4]。寡人耻之,愿比死者壹洒之[5],如之何则可?"[6]

孟子对曰:"地方百里而可以王[7]。王如施仁政于民:省刑罚,薄税敛,深耕易耨[8];壮者以暇日修其孝悌忠信[9],入以事其父兄,出以事其长上[10];可使制梃以挞秦楚之坚甲利兵矣[11]。彼夺其民时[12],使不得耕耨以养其父母,父母冻饿,兄弟妻子离散;彼陷溺其民[13],王往而征之,夫谁与王敌[14]!故曰:'仁者无敌[15]。'王请勿疑!"

注释

〔1〕晋国:韩、赵、魏三家分晋,列为诸侯,战国时还被称为三晋,惠王也称自己的魏国为晋国。天下莫强:天下没有比它更强的。叟:是对长者的称谓,此指孟子。

〔2〕"及寡人"三句:根据《史记·魏世家》和《六国年表》的记载,惠王十八年与齐战,败于桂陵;三十年与齐战,败于马陵,齐虏魏太子申,杀魏将军庞涓。

〔3〕 丧(sàng):丧失。根据《史记·魏世家》和《商君列传》的记载,魏惠王三十一年,秦、赵、齐共伐魏,秦将商鞅虏魏公子卬,尽破其军,魏割让河西之地献于秦以求和,而魏遂自安邑迁都大梁。

〔4〕 南辱于楚:根据《战国策》的记载,魏惠王时,围赵邯郸,楚救赵,取魏睢、秽之间地。

〔5〕 比:代替。壹:专一地,集中全力地。洒:与"洗刷"的"洗"同,报仇雪耻的意思。

〔6〕 "如之何"句:怎样才办得到?

〔7〕 "地方"句:地方百里的小国都可以取得胜利而被拥戴为天下之王。王:音 wàng。

〔8〕 省:减省。税敛:税收。易:治理得很好。耨:除去田中杂草。易耨:干净地彻底地拔掉田草,以免扰害禾苗。

〔9〕 修:治,学习和检察的意思。

〔10〕 入:在家。出:对外。

〔11〕 制:制造。挞:同"打",打击。兵:兵器。

〔12〕 彼:指他国,下句同。

〔13〕 "彼陷溺"句:他国虐政把人民陷害、沉溺于水深火热之中。

〔14〕 征:讨伐。夫:助词,无义。

〔15〕 "故曰"句:旧有此语,孟子引以总结上文的意义,故用"故曰"二字。

章解

此章阐明"仁者无敌"的意义。梁惠王困惑魏国本强大,为何遭到战争的失败,因而请问战胜强敌,报仇雪耻的办法。孟子对以小国行仁政尚且可以无敌于天下,胜败、强弱的关键不在于土地的广狭和兵甲的利钝,而在于民心的向背——仁者得民心,不仁者失民心——即在于"仁"与"不仁"。写仁者着重指出仁政的纲领,写不仁者着重指出人民的痛苦;这样来论证"仁"与"不仁"的不同后果,使听者得从积极方面努力，而从消极方面有所警惕。重复用"彼"字，再垫一句"彼陷溺其民"以加重上文的意义，则下句"夫谁与王敌"更为有力。孟子解释"征"的意义说，"征之为言正也"（见《尽心》下篇），就是说，以此方的"正"去纠正彼方的"不正"，彼方因不得民心而自然失败，所以说"夫谁与王敌"。从一个"征"字的意义，点明战争不是为国君报仇雪耻，而是为了救民。这是孟子针对惠王的思想情况，对"战争"作出正确的解释。

孟子见梁襄王章

孟子见梁襄王[1],出,语人曰:"望之不似人君,就之而不见所畏焉[2]。卒然问曰:'天下恶乎定[3]?'吾对曰:'定于一[4]。''孰能一之[5]?'对曰:'不嗜杀人者能一之[6]。''孰能与之[7]?'对曰:'天下莫不与也。王知夫苗乎!七八月之间旱,则苗槁矣[8];天油然作云,沛然下雨,则苗浡然兴之矣[9]。其如是,孰能御之[10]!今夫天下之人牧[11],未有不嗜杀人者也。如有不嗜杀人者,则天下之民,皆引领而望之矣[12]。诚如是也,民归之,由水之就下[13],沛然谁能御之!'"

注释

〔1〕 襄王:惠王的儿子。

〔2〕 语(yù):告诉。望之:看他的态度。这时仅只"望之",还未交谈。就:接近。畏:有尊敬的意义。不见所畏:看不出足以使人尊敬的地方。这是交谈后的感觉。

〔3〕 卒(cù)然:突然。恶(wū):何。天下如何才得安定?

〔4〕 定于一:安定以统一为前提。

〔5〕 孰:谁。此句是襄王问。

〔6〕嗜:喜爱。此句孟子答。

〔7〕与:同情,拥护。此句襄王问。

〔8〕夫:彼。槁:干枯。

〔9〕油然:盛多的样儿。作:生起。沛然:大雨滂沱的样儿,又形容大水澎湃,不能制止(如下文)。浡(bó)然:蓬蓬勃勃地。兴:生起。

〔10〕御:挡住,制止。以苗从干旱中得雨的蓬勃生长、不可遏止的情状,比譬天下人从水深火热中得庆更生、同情于"不嗜杀人者"的自然趋势。

〔11〕今夫:掉换话头的连词。人牧:人君,亦称"民牧",即养民者,"牧"有"养"义。

〔12〕引领:伸起颈项。

〔13〕归:归往,归附。由:与"犹"通用。

章解

此章以"不嗜杀人者能一之"为主题。孟子反对杀人,也就是反对战争。他说:"争地以战,杀人盈野;争城以战,杀人盈城;此所谓率土地而食人肉,罪不容于死。"(注释详"求也为季氏宰"章)孟子主张统一,但反对用战争以求统一;他号召当时诸侯实行"仁政",争取人民拥护以完成统一;故初见襄王,因其问统一,就以"不嗜杀人"的道理来宣传他的"仁政"思想。

齐桓晋文之事章

齐宣王问曰[1]:"齐桓晋文之事[2],可得闻乎?"

孟子对曰:"仲尼之徒,无道桓文之事者[3],是以后世无传焉,臣未之闻也。无以,则王乎?"[4]

曰:"德何如,则可以王矣?"[5]

曰:"保民而王,莫之能御也。"[6]

曰:"若寡人者,可以保民乎哉?"

曰:"可。"

曰:"何由知吾可也?"[7]

曰:"臣闻之胡龁曰[8]:'王坐于堂上,有牵牛而过堂下者。王见之,曰:"牛何之?"[9]对曰:"将以衅钟。"[10]王曰:"舍之!吾不忍其觳觫,若无罪而就死地。"[11]对曰:"然则废衅钟与?"[12]曰:"何可废也,以羊易之!"'不识有诸?"[13]

曰:"有之。"

曰:"是心足以王矣。百姓皆以王为爱也[14],臣固知王之不忍也。"

王曰:"然,诚有百姓者[15]。齐国虽褊小,吾何爱一牛。即不忍其觳觫[16],若无罪而就死地,故以羊易之也。"

曰:"王无异于百姓之以王为爱也[17],以小易大,彼恶知之[18]。王若隐其无罪而就死地,则牛羊何择焉?"[19]

王笑曰:"是诚何心哉?我非爱其财而易之以羊也,宜乎百姓之谓我爱也。"[20]

曰:"无伤也,是乃仁术也,见牛未见羊也[21]。君子之于禽兽也:见其生,不忍见其死;闻其声[22],不忍食其肉。是以君子远庖厨也。"[23]

王说,曰[24]:"《诗》云:'他人有心,予忖度之。'[25]——夫子之谓也[26]。夫我乃行之,反而求之,不得吾心[27];夫子言之,于我心有戚戚焉[28]。此心之所以合于王者何也?"

曰[29]:"有复于王者曰:'吾力足以举百钧,而不足以举一羽[30];明足以察秋豪之末,而不见舆薪。'[31]则王许之乎?"[32]

曰:"否。"[33]

"今恩足以及禽兽,而功不至于百姓者,独何与[34]?然则一羽之不举,为不用力焉;舆薪之不见,为不用明焉;百姓之不见保,为不用恩焉[35]。故王之不王[36],不为也,非不能也。"

曰:"不为者与不能者之形,何以异?"[37]

曰:"挟大山以超北海,语人曰:'我不能。'是诚不能也[38];为长者折枝,语人曰:'我不能。'是不为也,非不能也[39]。故王之不王,非挟大山以超北海之类也;王之不王,是折枝之类也。老吾老,以及人之老;幼吾幼,以及人之幼[40],天下可运于掌[41]。《诗》云:'刑于寡妻,至于兄弟,以御于家邦[42]。'——言举斯心,加诸彼而已[43]。故推恩足以保四海[44],不推恩无以保妻子;古之人所以大过人者无他焉,善推其所为而已矣。今

16

恩足以及禽兽,而功不至于百姓者,独何与[45]？权然后知轻重,度然后知长短[46]；物皆然,心为甚[47],王请度之[48]！抑王兴甲兵,危士臣,构怨于诸侯,然后快于心与？"[49]

王曰："否,吾何快于是,将以求吾所大欲也。"[50]

曰："王之所大欲,可得闻与？"

王笑而不言。

曰："为肥甘不足于口与？轻暖不足于体与[51]？抑为采色不足视于目与[52]？声音不足听于耳与？便嬖不足使令于前与[53]？王之诸臣,皆足以供之,而王岂为是哉？"

曰："否,吾不为是也。"

曰："然则王之所大欲可知已：欲辟土地,朝秦楚,莅中国而抚四夷也[54]。以若所为,求若所欲,犹缘木而求鱼也。"[55]

王曰："若是其甚与？"

曰："殆有甚焉。缘木求鱼,虽不得鱼,无后灾；以若所为,求若所欲,尽心力而为之,后必有灾。"

曰："可得闻与？"

曰："邹人与楚人战[56],则王以为孰胜？"

曰："楚人胜。"

曰："然则小固不可以敌大,寡固不可以敌众,弱固不可以敌强。海内之地,方千里者九,齐集有其一[57]；以一服八,何以异于邹敌楚哉？盖亦反其本矣[58]。今王发政施仁[59],使天下仕者皆欲立于王之朝,耕者皆欲耕于王之野,商贾皆欲藏于王之市,行旅皆欲出于王之途,天下之欲疾其君者,皆欲赴愬于王[60]。其若是,孰能御之！"[61]

王曰："吾惛,不能进于是矣[62]。愿夫子辅吾志,明以教我;我虽不敏,请尝试之。"

曰:"无恒产而有恒心者[63],惟士为能;若民则无恒产,因无恒心。苟无恒心,放辟邪侈[64],无不为已;及陷于罪,然后从而刑之,是罔民也[65]。焉有仁人在位,罔民而可为也[66]!是故明君制民之产[67],必使仰足以事父母,俯足以畜妻子[68];乐岁终身饱,凶年免于死亡[69];然后驱而之善,故民之从之也轻[70]。今也[71],制民之产,仰不足以事父母,俯不足以畜妻子;乐岁终身苦,凶年不免于死亡;此惟救死而恐不赡,奚暇治礼义哉[72]?王欲行之,则盍反其本矣[73]。五亩之宅,树之以桑,五十者可以衣帛矣;鸡、豚、狗、彘之畜,无失其时,七十者可以食肉矣;百亩之田,勿夺其时,八口之家,可以无饥矣;谨庠序之教,申之以孝悌之义,颁白者不负戴于道路矣;老者衣帛食肉,黎民不饥不寒:然而不王者,未之有也。"

注释

〔1〕 齐宣王:姓田,名辟疆,公元前342年即位,公元前324年死。齐国都城在今山东临淄。齐之祖先,本是春秋时姜姓齐国的大夫,到了田和,乃放逐齐之末君康公于海上,建立了齐田氏的封建政权,齐宣王是齐田政权的第四代诸侯。

〔2〕 齐桓:姓姜名小白。晋文:姓姬名重耳。皆春秋时霸君。

〔3〕 "仲尼"二句:孔子的门徒,没有称说"霸道"如齐桓晋文之事的。

〔4〕 未之闻:即"未闻之"。在古汉语里的否定副词加代词(宾语)加动词,等于现代汉语里的否定副词加动词加代词(宾语)。以:同"已"。无已:不得已。一定要我说,就说"王(wàng)天下之道"好么?

〔5〕 "德何如"二句:要怎样的德行,才可以王天下?

〔6〕 保:安抚,保护。御:挡住,制止。实行安抚人民而得王天下,是挡不住

的自然趋势。莫之能御:即"莫能御之"。

〔7〕由:从。从哪里看出我可以保民?

〔8〕从此至"以羊易之"句,是孟子述胡龁之言。胡龁:宣王左右近臣。

〔9〕"牛何之"的"之":作"往"字解。

〔10〕衅(xìn):同"衈"。衅钟:新钟铸成,杀牲取血,涂抹钟的缝隙。

〔11〕觳(hú)觫(sù):恐惧发抖的样儿。若:如此。

〔12〕废:不用。与(yú):疑问助词。

〔13〕诸:同"之"。此句转入孟子问宣王。

〔14〕足以王(wàng):足够"王天下"的条件。爱:此作"吝啬"解。

〔15〕诚:的确。的确有这样对我误解的百姓。

〔16〕即:就是。

〔17〕无异:莫怪。

〔18〕恶(wū):何。

〔19〕隐:痛,不忍。何择:有何区别?

〔20〕诚:究竟。宜乎:应该,莫怪。宣王笑说:这究竟是什么思想呢?我思想上不是吝财而以小易大,但又不能怪百姓批评我吝财。

〔21〕无伤:不要紧。仁术:为仁的道路。孟子的意思:这个矛盾无关重要,王的这个心就是"仁术"的表现;这时牛的"觳觫"摆在你面前,因而刺激你的"不忍"而不愿其死;羊虽然也怕死,但还没有在面前表现出"觳觫"的情状,因而没有引起你思想上的感性作用——"不忍"。

〔22〕声:指畏死的哀鸣。

〔23〕远:远离。

〔24〕说(yuè):同"悦",得到理解而喜悦。

〔25〕"他人"二句:此二句诗引自《诗经·小雅·巧言》篇第四章。忖度(duó):有分寸地恰如其分地了解到。

〔26〕夫子:先生。谓:有适当的评价的意义。这就是说,这话对先生说来,是适当的。

〔27〕夫:掉换话头的连词。乃:副词,在这里,表相反的语气,犹今言"却"。

19

你能"忖度"我心,我对自己做了的事,把它回转到自己身上来研究,却不了解是什么思想。

〔28〕 戚戚:心情激动的样儿。

〔29〕 自此以下至"王许之乎",孟子所言。"吾力"至"舆薪",孟子假设有人如此说。

〔30〕 复:陈述,报告。钧:三十斤。羽:鸟羽毛。

〔31〕 豪:同"毫"。毫毛的末端到秋天就更尖细,故小而难见。舆:车。以车载薪,大而易见。

〔32〕 许:许可,肯定。

〔33〕 以下至"非不能也"是孟子很快地接着宣王的"否",对他加以批评的话;"今恩"上省去一个"曰"字,语气较急。

〔34〕 独:作副词用,犹今言"正是"、"恰恰",用于表反问语气。与(yú):疑问助词。意思说:我就只问这个,这恰恰是什么道理呢?

〔35〕 见保:被爱护。此"见"字表示被动。

〔36〕 不王(wàng):指未能实行王道。

〔37〕 形:具体表现。何以异:怎样区别。此句宣王问。以下孟子答。

〔38〕 挟:用腋挟持。大(tài)山:即"泰山"。超:跳过。北海:渤海。语:告诉。诚:真正。

〔39〕 为(wèi):替。枝:与"支"或"肢"通用。折枝:转折肢体,谓"按摩"。少者以被役使为可耻,不肯做替长者按摩的事,并不是不能。

〔40〕 "老吾"二句:上一"老"、"幼"字是动词,作为老者幼者而敬爱他。下二"老"、"幼"字是名词。

〔41〕 运于掌:运转于手掌上,譬喻天下甚容易治理。

〔42〕 "刑于"三句:这三句诗引自《诗经·大雅·思齐》篇。刑:典型,法则;此作动词用。寡妻:正妻。"寡"有独特的意义。御:推进。家邦:国家。诗意歌颂周文王的美德,由近及远地为妻子所取法,推及到兄弟,更推进于全国。

〔43〕 "言举"二句:孟子总结诗意以说明"推恩"的意义:文王不过把自己这个善良的心推出来,加于别人而已。诸:于。

〔44〕 保:安定,保持。四海:根据《尔雅》,包括边远地的少数民族的整个区域,叫做"四海"。"四海"与"天下"同意。

〔45〕 与:疑问助词。下同。

〔46〕 权:秤锤。度:丈尺。有"权"才能知轻重,有"度"才能知长短。

〔47〕 "物皆"二句:凡物都要加以衡量才能知其轻重长短;心比物还重要,更应该好好分析、检察,才能把它评量得准确。

〔48〕 度(duó):作动词用,就是"衡量"。孟子希望宣王反省一下,究竟自己的思想是什么思想?对"推恩"、"保民"是"不能",还是"不为"?下文便对宣王的思想作种种推论,加以批评。

〔49〕 抑:犹"或",表示揣测未定的连词。兵:兵器。危:有"动"义。士:指士卒。臣:包括臣僚和人民。危士臣:动员士卒臣民,即兴师动众。构怨:结怨,挑衅。快:痛快。"兴兵构怨"是齐国的事实,孟子问:"王必要这样做,心里才痛快么?"

〔50〕 是:指这样做。王意:我不是满足于"兴兵构怨"这个做法,是用它作为手段要求达到我的"大欲"。

〔51〕 为(wèi):因为。下"抑为"、"岂为"、"不为"同。肥甘:指食物。轻暖:指衣裘。俱作名词用。

〔52〕 采色:文采美色。

〔53〕 便(pián)嬖:左右被宠爱的人。

〔54〕 辟:扩大。朝(cháo)秦楚:接受秦楚两国来朝。莅:临,至。中国:指中原。抚:安抚。

〔55〕 若:如此。指齐国一贯执行的"兴兵构怨"的政策。以这样的手段,要求达到这样的目的(辟土地……抚四夷),譬如爬上树木以求生鱼,是绝对不可能的。

〔56〕 邹:指代小国。楚:指代大国。

〔57〕 集:会积。齐国土地,截长补短,计其面积,约方千里。

〔58〕 盖(hé):与"盍"同,何不。反其本:返回到根本上以求得解决。

〔59〕 发政:开展王政。施仁:施行仁恩。

21

〔60〕疾:仇恨。赴愬:前往申诉。愬:同"诉"。

〔61〕"其若"二句:人心所向,谁挡得住!

〔62〕惛:思想混乱。不能:主观力量不够。进:进行。是:这个方针。

〔63〕恒:常,一定的。

〔64〕放:放荡。辟:同"僻",与"邪"同义。侈:不依制度,胡行乱为。

〔65〕刑:作动词用,加以刑罚。罔:同"网",作动词用,譬如张网罗导致人民陷于绝路。

〔66〕焉:何。哪有仁人执政("在位")而可以做"罔民"的事的道理!

〔67〕是故:所以。明君:贤明的国君。制:规定。

〔68〕仰:上。俯:下。畜:养。

〔69〕乐岁:丰年。凶年:荒年。

〔70〕驱:驱使。"之善"的"之":往,向。"民之"的"之":的。"从之"的"之":指明君。轻:易。

〔71〕今也:现在。

〔72〕此:指这样情况下的人民。惟:仅只。不赡(shàn):不足,不及。奚:何。暇:馀时。治:学习。就是说,要他们懂得礼义来服从国君,绝不可能。

〔73〕之:指"发政施仁"的"王道"。反其本:根据"发政施仁"的方针,实行"明君制民之产"的根本办法,即"五亩之宅……"云云。

章解

在这章里,孟子鼓励齐宣王舍"霸"图"王",把自己的"不忍之心"由小及大、由近及远地推到百姓身上来实行"仁政",事在人"为",没有"不能"的;并指出以力求"霸"必定失败,"保民而王"必定成功的道理,以激发他的志气。全章分四段:(一)"此心之所以合于王者何也?"以上——"见牛未见羊"的"不忍"之心是"保民而王"的基础;(二)"王请度之"以上——"恩及禽兽、功不至百姓"是对"仁政"的"不为"而非"不能";(三)"孰能御之"以上——以力求霸必定失败,

"保民而王"必定成功;(四)"未之有也"以上——有养有教是实行仁政的根本措施。使用爽朗、遒劲的语言来表达丰富、豪迈的思想感情,是孟子最擅长的。这篇文章表现手法的特点,可从三方面来分析:(一)从一个小问题引出一番大道理——从"以羊易牛","见其生不忍见其死",说到"推恩足以保四海";(二)从肯定优点来衬出对方的缺点——以"见牛未见羊"的"仁术"的表现来衬出对"仁政"的"不为而非不能"的缺点;(三)巧妙地使用譬喻,加强文章的逻辑性——掌握对方思想上的矛盾变化的情况,以"力举百钧"和"为长者折枝"两组譬喻,显出"恩及禽兽、功不至百姓"的反逻辑性;又以"邹不敌楚"的譬喻,阐明力不可恃的道理;即趁势引入实行仁政、掌握人民力量,便可以"朝秦楚,莅中国"而"王天下"以满足其"大欲"。在长篇大论的谈话中,如果开口便抽象地说一套大道理,或者教条式地把缺点批评一番,那会使对方感到沉闷厌倦,使自己所说的一切"如水投石"地打不进对方的心坎。此文从侧面或反面引人入胜,然后再用剀切的譬喻启发对方的理性认识,归结到文章的正面,使全篇主题毫无遗憾地表达出来;这也就显示出全篇的结构完整,字里行间充满着生动、活泼的气氛。

庄暴见孟子章

庄暴见孟子[1],曰:"暴见于王[2],王语暴以好乐[3],暴未有以对也。"曰:"好乐何如?"[4]

孟子曰:"王之好乐甚,则齐国其庶几乎。"[5]

他日见于王[6],曰:"王尝语庄子以好乐,有诸?"[7]

王变乎色[8],曰:"寡人非能好先王之乐也,直好世俗之乐耳。"[9]

曰:"王之好乐甚,则齐其庶几乎。今之乐,犹古之乐也。"

曰:"可得闻与?"[10]

曰:"独乐乐,与人乐乐,孰乐?"[11]

曰:"不若与人。"

曰:"与少乐乐,与众乐乐,孰乐?"[12]

曰:"不若与众。"

"臣请为王言乐[13]。今王鼓乐于此[14],百姓闻王钟鼓之声,管籥之音[15],举疾首蹙頞而相告曰[16]:'吾王之好鼓乐,夫何使我至于此极也[17]:父子不相见,兄弟妻子离散!'今王田猎于此[18],百姓闻王车马之音,见羽旄之美[19],举疾首蹙頞而相告曰:'吾王之好田猎,夫何使我至于此极也:父子不相见,兄弟妻子离散!'——此无他,不与民同乐也[20]。

"今王鼓乐于此,百姓闻王钟鼓之声,管籥之音,举欣欣然有喜色而相告曰[21]:'吾王庶几无疾病与!何以能鼓乐也!'[22]今王田猎于此,百姓闻王车马之音,见羽旄之美,举欣欣然有喜色而相告曰:'吾王庶几无疾病与!何以能田猎也!'——此无他,与民同乐也。

"今王与百姓同乐,则王矣。"[23]

注释

[1] 庄暴:齐臣。

[2] 王:指齐宣王。见于王:进见于王前。这表示见者对受见者具有一定程度的礼貌的意味,如说"暴见王",则但直述其事而已。

[3] 语(yù):告诉。好乐:爱好音乐。春秋战国时代封建统治者的"好乐"从孟子所举百姓疾首蹙頞相告之言,反映出这是一个严重的社会问题。故墨子为此,专有"非乐"之论。

[4] 好乐何如:仍是庄暴的话,中间的"曰"字表示一个人在一定时间内说话的话头掉换,语气变更。

[5] 庶几:接近,差不多。孟子说:"王的爱好音乐果真兴趣浓厚的话,齐国就差不多搞好了啊!"

[6] "他日"句:另一日,孟子进见于王。

[7] 有诸:有之乎。

[8] 变乎色:脸色上起了变化。齐王感到作为国君而爱好音乐,当为舆论所不许,怕受到孟子的批评,因而脸上表现着有点惭愧。

[9] 直:不过。

[10] 与(yú):疑问助词。"今之乐犹古之乐"的道理,可得使我了解么?

[11] 乐乐:上一"乐"字指音乐,作为动词用,是奏乐和听乐的意思;下一

"乐"字和"孰乐"的"乐"是快乐的"乐"。孰乐:哪样更快乐?古乐和今乐本不一样,而孟子说是一样,其意义就在"与民同乐"这点上。自此以下,皆阐明此义。

〔12〕少:少数人。众:多数人。

〔13〕乐:音 lè。此句孟子言,上省"曰"字。为王陈述独乐和与众人乐的情状。

〔14〕鼓乐:击鼓奏乐。

〔15〕管:笙。籥:箫。

〔16〕举:皆。疾首:因忧愁而头痛。蹙頞(è):皱眉头,表现忧愁的情状。

〔17〕夫:助词,无义。极:困穷。

〔18〕田:与"畋"同,打猎。

〔19〕羽旄:指装饰着羽(鸟羽毛)旄(旄牛尾)的旌旗。

〔20〕无他:没有别的缘故。赋税、劳役的残酷压迫和剥削使得人民如此困穷,君乐民苦,形成鲜明的对比。

〔21〕欣欣然:欢喜的样儿。

〔22〕与:音 yú。国君大概很健康吧!否则怎能鼓乐呢!

〔23〕王:音 wàng,受百姓拥戴为天下之王。

章解

此章主题:因宣王"好乐"而启发他"与民同乐"的爱民思想。首先,用问答方式提出"与众乐乐"的理论——意味着把个人生活中的快乐扩展和深入到百姓生活中去,才是真正的快乐,也即是"王道"的开端——为"与百姓同乐则王矣"的结论打下基础。其次,具体地描述"与民同乐"和"不与民同乐"两种政治作风感受在人民身上所表现的相反的情绪,来启发对方的思想斗争,以便正确地选择自己的政治路线。最后,归结到"与百姓同乐则王矣"的结论,和富有吸引力的开始一句——"王之好乐甚,则齐其庶几乎"相呼应。

文王之囿章

齐宣王问曰:"文王之囿[1],方七十里,有诸?"

孟子对曰:"于传有之。"[2]

曰:"若是其大乎?"

曰:"民犹以为小也。"

曰:"寡人之囿,方四十里,民犹以为大,何也?"

曰:"文王之囿,方七十里,刍荛者往焉,雉兔者往焉[3]。与民同之,民以为小,不亦宜乎[4]?臣始至于境,问国之大禁[5],然后敢入。臣闻郊关之内[6],有囿方四十里,杀其麋鹿者,如杀人之罪[7]。则是方四十里,为阱于国中[8],民以为大,不亦宜乎?"

注释

〔1〕 囿:养禽兽的地方。

〔2〕 传:古传记。

〔3〕 刍:割草,有时亦作名词用——饲料。荛:采薪,有时亦作名词用——燃料。雉:野鸡。雉兔者:猎取雉兔的人。

〔4〕宜:应该,当然。

〔5〕境:国境。大禁:重要的禁令。

〔6〕关:境界上的门。郊关:齐国四境之郊皆有关。

〔7〕如:等于。

〔8〕阱(jǐng):用以捕野兽的坑陷。民入阱,容易犯等于杀人之罪,囿就成为导致民死的陷阱。

章解

　　此章接连上章,仍是以"与民同乐"为主题。上章,"与民同乐"和"不与民同乐"对比;此章,"民以为小"和"民以为大"对比。在此章内,孟子的意思不在于论证文王之囿究竟有多大,而要着重说明文王是与民同乐,无论囿的大小,总之和人民共同使用。齐王却以为自己的囿比文王的囿小,因而沾沾自喜,好像怪人民不知好歹的样儿;故孟子简单明了地指出他这样想法的错误。这种对照的写法,加强了文章的说服力。

齐宣王见孟子于雪宫章

齐宣王见孟子于雪宫。王曰:"贤者亦有此乐乎?"[1]

孟子对曰:"有。人不得,则非其上矣。不得而非其上者,非也;为民上而不与民同乐者,亦非也[2]。乐民之乐者,民亦乐其乐;忧民之忧者,民亦忧其忧;乐以天下,忧以天下:然而不王者,未之有也[3]。

"昔者,齐景公问于晏子曰[4]:'吾欲观于转附、朝儛,遵海而南,放于琅邪[5]。吾何修而可以比于先王观也?'[6]

"晏子对曰:'善哉问也!天子适诸侯曰巡狩——巡狩者,巡所守也;诸侯朝于天子曰述职——述职者,述所职也;无非事者[7]:春省耕而补不足,秋省敛而助不给[8]。夏谚曰:"吾王不游,吾何以休;吾王不豫,吾何以助;一游一豫,为诸侯度。"[9]今也不然:师行而粮食,饥者弗食,劳者弗息[10];睊睊胥谗,民乃作慝[11];方命虐民,饮食若流,流连荒亡,为诸侯忧[12]。从流下而忘反,谓之流;从流上而忘反,谓之连;从兽无厌,谓之荒;乐酒无厌,谓之亡[13]。先王无流连之乐,荒亡之行,惟君所行也。'[14]

"景公说,大戒于国,出舍于郊[15]。于是始兴发,补不足[16],召大师曰:'为我作君臣相说之乐[17]!'——盖《徵招》、《角招》是也[18]。其诗曰:'畜君何尤。'——畜君者,好君也。"[19]

注释

〔1〕 雪宫:齐王的郊外别墅,其中有台、池、鸟、兽供人游览。齐宣王款待孟子住在雪宫,王来就见;这和"王立于沼上"章的"孟子见梁惠王"是孟子往见惠王的文字叙述,顺逆不同。那章的"贤者"指贤明的人君,这章的"贤者"指孟子。宣王夸耀他以这样的娱乐胜地优礼孟子,问孟子也感到快乐么?

〔2〕 "非其"的"非":作动词用。"非也"的"非":作形容词用。孟子对齐王之问作了肯定的答复——"有",随即指出:国君应该与民同乐,使人人俱有此乐;否则下面的人不得此乐就会抱怨上面。这样抱怨固然不对,但"为民上"的不与民同乐,也是不对的。("人"字针对齐王口中的"贤者",包括"臣"和"民",下句侧重"民"的方面说。)

〔3〕 以:有连及的意义,作介词用。连及天下为乐为忧即与天下同乐同忧的意思。王:音 wàng。

〔4〕 晏子:名婴,春秋时齐景公的宰相。

〔5〕 转附、朝(cháo)儛(wǔ):二山名,齐景公欲于此二山观海。遵:循,顺。放:至。琅邪:山名。

〔6〕 "吾何修"句:我要采取什么办法才能比得上先代圣王游览的意义?修:方法,办法。观:游览。

〔7〕 适:往。巡:出去视察。狩:与"守"通用。朝(cháo):朝见于天子。述:陈述。晏子解释"巡狩"的意义是天子视察诸侯所守的国土,"述职"的意义是诸侯陈述自己的职事。——天子诸侯离开国都是没有空行的,总是有事。

〔8〕 "春省耕"二句:天子诸侯当春天出来的时候,要去察看人民耕作情况而补助那农器、种子不足的;当秋天出来的时候,要察看人民收获情况而补助那衣食还不足的。省:察看。敛:收获。

〔9〕 夏谚:夏朝时代人民的歌谣。休:从辛勤劳动中得到安慰。豫:和上句

的"游"同义。助:得到帮助。这歌谣是根据"春省耕、秋省敛"而产生的。"游"和"休"、"豫"和"助"、"度"押韵。度:法度,榜样。夏王这样关心民事,施行恩惠的游览是诸侯的榜样。

〔10〕 师行:行动呢,总是军事动作("师"字修饰"行"字)——"劳者弗息"。粮食:吃的呢,要靠远道输送的粮谷("粮"字修饰"食"字)——"饥者弗食"。这三句说当时人民的生活。

〔11〕 睊睊(juàn):从眼睛表示出恨人的样儿。胥:皆,相。谗:说坏话。慝:藏在心坎深处的念头。这两句说当时人民的思想感情。

〔12〕 方命:放弃先王的教训。方:放弃。饮食若流:饮食纵情享乐,像水流一样地没有穷尽。为诸侯忧:为诸侯所担心——担心他的统治局面维持不住。这四句说当时国君的行为。

〔13〕 从流下:顺水行舟。从流上:逆水行舟。忘反:纵情享乐,没有止境。反:同"返"。连:有用人力勉强拉着走的意思。从兽:跟着禽兽追赶。无厌:没有满足。荒:荒废政事。亡:亡国、亡身。

〔14〕 惟君所行:看你走哪条道路。晏子劝景公学先王关心民事、对人民施行恩惠的游览,不要作纵情享乐的出游。

〔15〕 说(yuè):同"悦",下同。大戒于国:郑重地发布指示于国中——准备"兴发""补不足"的事。出舍于郊:留宿郊外。

〔16〕 兴:举行,谓举行施恩惠的措施。发:开发仓廪。

〔17〕 大(tài)师:乐官。为(wèi):替。君臣相说之乐:具有君臣融洽意义的乐章。

〔18〕 盖:大概,作副词用。《徵(zhǐ)招(sháo)》《角(jué)招》:二乐章名。

〔19〕 畜君何尤:乐章中的诗句。孟子解释"畜君"为"好(hào)君"即"爱君"的意思。尤:过失。爱君有什么过失呢? 这意味着爱君总是很好的。

章解

　　孟子陈述晏婴劝齐景公不要只图自己享乐,要施行恩惠、与人民同忧同乐的故事。并指出景公接受并实行晏子的建议,君臣感情融洽,以启发齐宣王爱民和虚心接受贤者建议的思想。最后,表示自己说话也是从爱君出发的。

人皆谓我毁明堂章

齐宣王问曰:"人皆谓我毁明堂,毁诸?已乎?"[1]

孟子对曰:"夫明堂者,王者之堂也。王欲行王政,则勿毁之矣。"

王曰:"王政可得闻与?"

对曰:"昔者文王之治岐也[2]:耕者九一[3],仕者世禄[4],关市讥而不征[5],泽梁无禁[6],罪人不孥[7]。老而无妻曰鳏,老而无夫曰寡,老而无子曰独,幼而无父曰孤:此四者天下之穷民而无告者[8]。文王发政施仁,必先斯四者[9]。《诗》云:'哿矣富人,哀此茕独!'"[10]

王曰:"善哉言乎!"

曰:"王如善之,则何为不行?"

王曰:"寡人有疾,寡人好货。"[11]

对曰:"昔者公刘好货[12]。《诗》云:'乃积乃仓[13],乃裹糇粮,于橐于囊[14],思戢用光[15];弓矢斯张,干戈戚扬[16],爰方启行。'[17]故居者有积仓,行者有裹囊也,然后可以爰方启行。王如好货,与百姓同之,于王何有!"[18]

王曰:"寡人有疾,寡人好色。"

对曰:"昔者大王好色,爱厥妃[19]。《诗》云[20]:'古公亶甫,来朝走马[21],率西水浒,至于岐下[22];爰及姜女,聿来胥宇[23]。'当是时也,内无怨女,外无旷夫[24]。王如好色,与百姓同之,于王何有!"

注释

〔1〕 谓我:劝我。明堂:原在鲁国境内泰山下,被齐国侵占其地。周天子出巡,东至泰山,在明堂祭天,朝见诸侯,发布政令,故孟子说为"王者之堂"。那时,这些典礼已经不行,明堂旧址还在。毁诸:毁之。已:止,即不毁。

〔2〕 岐:今陕西岐山。

〔3〕 九一:《滕文公》上篇"滕文公问为国"章。孟子劝滕文公行仁政,说到"井田"制度:"井九百亩,其中为公田;八家皆私百亩,同养公田,公事毕,然后敢治私事。"把田地区划如"井"字,中间的公田占九分之一,要由八家来代替公家耕种;这等于公家在一个"井"的整个生产中对人民征取了九分之一的收益,故曰"耕者九一"。

〔4〕 仕者世禄:仕者子孙得承继仕者作为"俸禄"而被给予的土地的收益。世:即世代承继的意思。

〔5〕 讥:察问,干涉。"关"和"市"只对商贾和行旅干涉不守法的,不征税。

〔6〕 泽:筑堤阪把水挡住的大池。梁:指渔梁,拦水为"梁"以捕鱼。无禁:任民捕鱼,不加禁止。

〔7〕 孥:妻和子。不孥:只处分罪人本身,不加罚于其妻和子。

〔8〕 穷:尽头,没有出路。无告:无依靠。

〔9〕 先斯四者:首先照顾这四种人。

〔10〕 "哿矣"二句:此二句诗引自《诗经·小雅·正月》篇第十三章。哿:在这里的意义和读音都与"可"同。茕(qióng):孤单。"可"是肯定的意思,就是说,富人的生活是过得很好的,应当哀怜这孤单无靠的人。

〔11〕疾:毛病,缺点。货:货财。

〔12〕公刘:周朝的始祖后稷的曾孙,"公"是称号,"刘"是名。

〔13〕乃积乃仓:自此以下七句诗引自《诗经·大雅·公刘》篇第一章。乃:助词,无义。积:露天堆积粮谷。仓:库房内堆积粮谷。

〔14〕於(hóu):干粮。橐、囊:都是装裹粮食的口袋。"橐"无底,结束两端;"囊"有底,结束一端。于:介词。把粮食装裹在橐囊里。

〔15〕戢:安,和睦安定的意思。用:犹"以"。光:大。想要使人民和睦安定以光大国族。

〔16〕斯:犹"则"。干、戈、戚、扬:皆古兵器。干用以捍卫(即盾),戈用以刺击,戚和扬都是斧类,扬比戚大。

〔17〕爰:犹"于是"。方:开始。启行(háng):开辟道路。这章诗歌颂公刘从邰(tái)(今陕西武功)迁豳(bīn)(今陕西邠县),准备启程的情况。

〔18〕"王如"三句:此与"庄暴见孟子"章"今王与百姓同乐则王矣"的意义一样,如果王对货财与百姓共同爱好和享用的话,那末,对于"王天下",何难之有。何有:犹言"没有问题"。

〔19〕大(tài)王:即"太王",公刘九世孙,文王的祖父,本号"古公",名"亶甫",后乃被追尊为"大王"。厥:其。妃:配偶。

〔20〕《诗》曰:以下六句诗引自《诗经·大雅·绵》篇第二章。

〔21〕来:行来。朝:早。大王因避狄人侵逼,行甚早。走马:古言"走",和"奔"、"趋"意义相同,"走马"谓驱马疾走。

〔22〕率:循,由。浒(hǔ):水边。沿着水边西行,至岐山之下(岐山在今陕西)。

〔23〕及:俱。姜女:姜氏女,大王之妃。聿:助词,无义。胥:视察。宇:居处的地方。胥宇:考察地势,规建宫室。

〔24〕怨女:过时没有结婚的女子。旷夫:过时没有结婚的男子。

章解

此章阐明王政要与民同欲,行王政并不需要绝欲的道理。相反的,无欲的人不能了解别人所欲,作为国君来说,更不能采取措施来满足人民所欲,那就不能实行王政。此章和前章推论"好乐"问题一样,孟子不但不否定宣王的"好货"、"好色",而且要求把这种情欲体贴到百姓身上,使他们都能得其所欲,这就符合"发政施仁"的纲领。全章分两段:前段因宣王发问,直陈王政的纲领;后段因宣王见善不为,就利用他所借口的材料来指出王政"与民同欲"的宗旨。

王之臣有托其妻子于其友章

孟子谓齐宣王曰:"王之臣,有托其妻子于其友而之楚游者[1],比其反也,则冻馁其妻子[2],则如之何?"

王曰:"弃之。"[3]

曰:"士师不能治士[4],则如之何?"

王曰:"已之。"[5]

曰:"四境之内不治[6],则如之何?"

王顾左右而言他[7]。

注释

[1] 之楚游:往楚国游历。

[2] 比(bì):及。反:同"返"。馁:饥饿。

[3] 弃:绝。之:指受托的朋友。弃之:和他绝交。

[4] 士师:法官。治士:办案。

[5] 已:停止,罢免。

[6] 四境之内:国境以内。不治:政事坏乱。

[7] 顾:回头看。左右:站立两旁的仆从。言他:谈别的事。

章解

　　此章不用从正面陈述的方法,而用从反面责问和用譬喻引到本题的方法,来促使宣王的反省,启发他对人民负责的思想。

所谓故国者章

孟子见齐宣王曰:"所谓故国者,非谓有乔木之谓也,有世臣之谓也[1]。王无亲臣矣[2],昔者所进,今日不知其亡也。"[3]

王曰:"吾何以识其不才而舍之?"[4]

曰:"国君进贤,如不得已,将使卑逾尊,疏逾戚,可不慎与[5]?左右皆曰贤,未可也;诸大夫皆曰贤,未可也;国人皆曰贤,然后察之[6];见贤焉,然后用之。左右皆曰不可,勿听;诸大夫皆曰不可,勿听;国人皆曰不可,然后察之;见不可焉,然后去之[7]。左右皆曰可杀,勿听;诸大夫皆曰可杀,勿听;国人皆曰可杀,然后察之;见可杀焉,然后杀之,故曰国人杀之也。如此,然后可以为民父母。"

注释

〔1〕"所谓"和"非谓"的"谓":作动词用——称谓。"之谓"的"谓":作名词用——所称谓的意义。故国:有历史的旧国。乔木:久经年代的高大树木(这不象征"故国")。世臣:世世代代,和国家有密切关系的大官僚家族(这才代表"故国")。

〔2〕亲臣:可以亲近信任的臣僚。

〔3〕进:进用。亡:不存在,被扔弃了。昔日所进用的臣,不料今日因不称职而被扔弃了。这意味着:今日的扔弃证明昔日的用人不慎,故无被亲任的"亲臣",也就更无被久任的"世臣"。

〔4〕舍(shě):不用。宣王问:用人宜慎,但我怎样识别那不才的而不用他?

〔5〕不得已:不得不。逾:越过。戚:亲近。国君一般总在尊者、亲者里面求贤;但如果尊、亲中没有贤者,就不得不从卑、疏者里面广泛征求。要使贤者从卑、疏的地位被提拔,越过尊、亲的地位,而卑者、疏者常是不被了解的,哪可不慎重考察呢?

〔6〕察:考察。

〔7〕去:弃。

章解

此章说明:国家依靠贤臣作支柱,而臣的贤、不贤和不贤到可杀的程度的标准,要倾听国人的意见来判断。"慎"字是全篇的眼目,偏信左右或光听诸大夫之言来作为进贤和退不贤的标准,就是不慎;倾听国人之言加以考察,才叫做"慎"。尊者、亲者不一定贤,贤者可能委屈在卑者、疏者里面,而卑者、疏者却是国君所素不了解的人,如果不集思广益地采取国人的意见来慎重考察,那就无法得到真正的贤者、去掉真正的不贤者。总结一句——"如此然后可以为民父母",指出进贤、退不贤的关系重大,如有不慎,就是不爱人民。

汤放桀章

齐宣王问曰:"汤放桀[1],武王伐纣,有诸?"

孟子对曰:"于传有之。"

曰:"臣弑其君可乎?"[2]

曰:"贼仁者谓之贼,贼义者谓之残[3]。残贼之人,谓之一夫[4]。闻诛一夫纣矣,未闻弑君也。"

注释

〔1〕 放:流放。夏桀被殷汤流放而死。

〔2〕 弑:杀。古代统治阶级,为了显示君、父神圣不可侵犯的特殊尊严地位,特别制造"弑"字,专用于臣"杀"君、子"杀"父。

〔3〕 贼:害。残:伤。贼仁者:凶暴淫虐,绝灭人性。贼义者:颠倒是非,丧失理性。

〔4〕 一夫:失掉人民同情的孤立者,荀子谓之"独夫"(《正论》篇)。

章解

孟子对于作为儒家经典教训的君臣大义作了相对的解释,不把

"君"看作是神圣不可侵犯的东西。这是以"民为贵,君为轻"为其思想基础的;所以,他同情"汤放桀,武王伐纣",认为"贼仁"、"贼义",残害人民的就不配称为"君",是应该被诛灭的。

齐人伐燕胜之章

齐人伐燕[1],胜之。宣王问曰:"或谓寡人勿取,或谓寡人取之[2]。以万乘之国伐万乘之国[3],五旬而举之[4],人力不至于此,不取必有天殃。取之,何如?"

孟子对曰:"取之而燕民悦,则取之,古之人有行之者,武王是也[5];取之而燕民不悦,则勿取,古之人有行之者,文王是也[6]。以万乘之国伐万乘之国,箪食壶浆以迎王师[7],岂有他哉?避水火也。如水益深,如火益热,亦运而已矣。"[8]

注释

〔1〕 燕:国名。齐人伐燕事又见《战国策》。

〔2〕 取:占领。

〔3〕 乘(shèng):作名词用,四马曰"乘"。一辆兵车,配备马四匹,谓之一"乘"。本来只有天子直接统治的区域才能按地区从民间组织兵车万乘,大国诸侯只能出兵车千乘;但是,战国时,诸侯兼并,在争城、争地、扩张军备的情况下,大国经常拥有兵车几千乘或万乘,且已僭号称王。那时齐燕都是大国,故称为"万乘之国"。

〔4〕 举:胜利完成。

〔5〕 武王是也:指周武王占领殷地,诛殷王纣。

〔6〕 文王是也:据说,周文王三分天下有其二,但仍奉殷为天子。

〔7〕 箪(dān):盛食物的竹器。食(shí):作名词用,食物。箪食壶浆:用箪盛着的食物和用壶盛着的酒浆。

〔8〕 水火:比喻害民的虐政。运:回转。如果齐国仍然施行虐政,加重燕民"水深火热"的苦难,那末,燕民定会回转方向,不向齐国归附。

章解

此章指出两点意义:(一)战争的目的是救民,不是占领土地;(二)胜败的因素是得民心与失民心,不是军备的强弱。宣王的意思与此相反,他虽然提出"取不取"的问题,其意却偏重"取之"而没有去考虑怎样救燕民于水火;故孟子答以问题决定于燕民悦不悦。宣王所谓"人力"指军备,认为对等的军备能在短时期内取得胜利是由于得到"天"的帮助;孟子给指出胜利不由于齐的军备比燕强,也不是什么"天"意,而是由于燕民为逃避"水火"的虐政,不助燕君。

齐人伐燕取之章

齐人伐燕,取之;诸侯将谋救燕。宣王曰:"诸侯多谋伐寡人者,何以待之?"

孟子对曰:"臣闻七十里为政于天下者,汤是也[1];未闻以千里畏人者也[2]。《书》曰[3]:'汤一征,自葛始[4],天下信之;东面而征西夷怨,南面而征北狄怨[5],曰:"奚为后我[6]?"'民望之,若大旱之望云霓也[7];归市者不止,耕者不变[8];诛其君而吊其民[9],若时雨降[10],民大悦。《书》曰:'徯我后,后来其苏!'[11]

"今燕虐其民,王往而征之;民以为将拯己于水火之中也[12],箪食壶浆以迎王师。若杀其父兄,系累其子弟[13],毁其宗庙,迁其重器[14],如之何其可也?天下固畏齐之强也[15],今又倍地而不行仁政[16],是动天下之兵也[17]。

"王速出令,反其旄倪,止其重器[18],谋于燕众,置君而后去之[19],则犹可及止也。"[20]

注释

〔1〕"臣闻"二句:殷汤以七十里地的小国,诛灭夏桀,统治了天下。

〔2〕千里:齐是地方千里的大国。

〔3〕《书》曰:此章两处"《书》曰"下所引文句,是《尚书》佚篇之文;但《伪古文尚书·仲虺之诰》篇中亦有与此相类的文句。

〔4〕一征:即"始征"。葛:古国名,在今河南宁陵。

〔5〕面:向,作动词用。夷、狄:距王朝较远的部族,包括在所谓"四海"或"天下"之中。

〔6〕奚为后我:为何把我摆在后?

〔7〕霓:虹。

〔8〕"归市者"二句:走往市场的和在地里耕作的人们都照常活动着。

〔9〕诛:主要意义是"杀",责罚亦曰"诛"。吊:慰问。

〔10〕时雨:及时的雨。

〔11〕徯:等待。后:君。苏:更生,重新得到生命。

〔12〕拯:拯救。

〔13〕父兄:即下文的"旄",指年老的。系累:用绳索拴起。子弟:即下文的"倪",指年幼的。

〔14〕宗庙:祭祀祖宗的庙宇。迁:谓搬迁到齐国。重器:贵重的器物。

〔15〕天下:指天下诸侯。固:本来。

〔16〕倍地:齐如果并吞燕国,就增加了一倍的土地。

〔17〕动:挑动,发动。

〔18〕反:同"返",遣返。旄:老的。倪:幼的。止:停止,不移动。

〔19〕置君:立君。去:离去。谋立燕民所欲立的君而后离去。(燕国因变更国君的问题发生内乱,齐是乘燕内乱去伐它的。)

〔20〕"则犹可"二句:还可及时地止住诸侯谋伐齐的兵。

章解

此章紧接上章,重申战争是为救民,不是为占领土地的意义。并给指出占领土地只能招致树敌构怨的后果。这是孟子一贯反对"争地以战,争城以战"的态度。

邹与鲁哄章

邹与鲁哄[1]。穆公问曰[2]:"吾有司死者三十三人[3],而民莫之死也。诛之,则不可胜诛;不诛,则疾视其长上之死而不救[4]。如之何则可也?"

孟子对曰:"凶年饥岁,君之民——老弱转乎沟壑、壮者散而之四方者[5],几千人矣;而君之仓廪实,府库充[6],有司莫以告:是上慢而残下也[7]。曾子曰:'戒之戒之!出乎尔者,反乎尔者也[8]。'夫民今而后得反之也,君无尤焉[9]。君行仁政,斯民亲其上、死其长矣。"[10]

注释

〔1〕 邹:国都在今山东邹县。鲁:国都在今山东曲阜。哄(hòng):战斗。

〔2〕 穆公:邹国君。

〔3〕 有司:官吏。

〔4〕 胜(shēng):尽。疾:恨。长上:官长。此句的意思:如果不杀他们,那他们就老是以憎恨的心情看着官长的死而不救。

〔5〕 转:汉赵岐以时人口语"转尸"作解释("孟子之平陆"章),谓尸体被扔

弃于沟壑,不及埋葬,可见死者甚多。壑:坑。"之四方"的"之":往。

〔6〕 仓廪:用来储藏粮谷。府库:用来储藏货财。

〔7〕 上:指有司和君。慢:高高在上,不关心人民,不理政事。残:伤害。下:指人民。

〔8〕 曾子:名参,孔子弟子。戒之:当心啊！反:同"返",回答。从你发出的就是回答你的。

〔9〕 民今而后得反之:人民今天才得回答你们。尤:责怪。

〔10〕 斯:犹"则"。长、上:二字同意,指尊者。亲爱其长上而为之尽死力。此句正和上文"疾视其长上之死而不救"相反。

章解

在这段谈话当中,孟子指出一条规律:统治者怎样对待被统治的人民,人民也就怎样对待统治者。"有司死者三十三人"和"人民死亡逃散者几千人"相对;"民疾视其长上之死而不救"和"上慢而残下"相对;最后,"君行仁政",民就以"亲其上死其长"来作回答。这是孟子用现实的教训警告邹君,说明"仁政"的重大意义。

滕小国也间于齐楚章

滕文公问曰:"滕小国也,间于齐楚;事齐乎,事楚乎?"[1]

孟子对曰:"是谋,非吾所能及也;无已,则有一焉:凿斯池也,筑斯城也,与民守之,效死而民弗去,则是可为也。"[2]

注释

〔1〕 滕:国在今山东滕县。公:春秋战国时诸侯的一种等级称呼。间(jiàn):处在中间。齐在滕东北,楚在滕西南。小国地位较低,亲近大国,说为事奉。

〔2〕 "孟子"十一句:孟子对:"决定这个策略不是我所能做得到的;不得已,则有一个办法:把池(护城周围)凿好,把城筑好,团结人民坚守着,人民尽死力捍卫、不散去,这样办,是可以有为的。"

章解

本章说明一个道理:凡是一个国家,哪怕是小国,应该而且可能团结人民独立自卫,不要依赖大国,受人奴役。

夫子当路于齐章

公孙丑问曰[1]:"夫子当路于齐,管仲晏子之功,可复许乎?"[2]

孟子曰:"子诚齐人也,知管仲晏子而已矣。或问乎曾西曰:'吾子与子路孰贤?'[3]曾西蹴然,曰:'吾先子之所畏也[4]。'曰:'然则吾子与管仲孰贤?'曾西艴然不悦,曰:'尔何曾比予于管仲[5]!管仲得君[6],如彼其专也;行乎国政,如彼其久也;功烈,如彼其卑也[7];尔何曾比予于是!'"曰:"管仲,曾西之所不为也,而子为我愿之乎?"[8]

曰:"管仲以其君霸,晏子以其君显:管仲、晏子,犹不足为与?"[9]

曰:"以齐王,由反手也。"[10]

曰:"若是,则弟子之惑滋甚[11]。且以文王之德,百年而后崩,犹未洽于天下[12];武王周公继之,然后大行[13]。今言王若易然[14],则文王不足法与?"

曰:"文王何可当也[15]!由汤至于武丁,贤圣之君六七作[16],天下归殷久矣,久则难变也;武丁朝诸侯有天下,犹运之掌也[17]。纣之去武丁未久也[18]，其故家遗俗、流风善政[19]，犹有存者；又有微子、微仲、王子比干、箕子、胶鬲——皆贤人也，相与辅相之[20]，故久而后失之也。尺地莫非其有也，一民莫非其臣也[21]；然而文王犹方百里起[22]，是以难也。

"齐人有言曰[23]：'虽有智慧，不如乘势；虽有镃基[24]，不如待时。'今时则易然也：夏后殷周之盛，地未有过千里者也[25]，而齐有其地矣；鸡鸣狗吠相闻，而达乎四境[26]，而齐有其民矣；地不改辟矣，民不改聚矣，行仁政而王，莫之能御也[27]。且王者之不作，未有疏于此时者也[28]；民之憔悴于虐政[29]，未有甚于此时者也；饥者易为食，渴者易为饮[30]。孔子曰：'德之流行，速于置邮而传命[31]。'当今之时，万乘之国行仁政，民之悦之，犹解倒悬也[32]。故事半古之人，功必倍之[33]，惟此时为然。"

注释

〔1〕 公孙丑：孟子弟子，姓公孙，名丑。

〔2〕 当路：当道，即当权执政的意思。管仲：名夷吾（兄弟排行第二曰"仲"）。晏子：名婴（"子"是男子的通称）。管仲、晏子，春秋时先后为齐国的宰相。许：有肯定和发扬的意思。复许：谓复兴管晏之功。

〔3〕 曾西：曾参的孙。吾子："子"犹今言"您"，加"吾"字表亲切之意。子路：姓仲，名由，字子路，孔子弟子。

〔4〕 蹴然：严肃、恭敬的样儿。先子：子孙称已死的祖或父，常加上"先"字；此文中"先子"指曾参。畏：有尊敬崇拜、不敢和他相比的意思。

〔5〕 艴(bó)然：不高兴的样儿。何曾(céng)：犹"何乃"，表诧异、不接受的语气。

〔6〕 得君：得君的信任。

〔7〕 "功烈"二句:不佐齐桓公行王道而行霸道,故功业卑下不足道。

〔8〕 曰:孟子叙述或人与曾西问答之后,掉转话头,表示自己的意见,故加"曰"字。这和"庄暴见孟子"章"好乐何如"句上的"曰"字同例。"子为"的"为(wèi)":作"谓"字用,犹言"以为"。

〔9〕 "管仲以"二句:管仲相齐桓公成霸业;晏婴相齐景公,使他显名于天下。与(yú):疑问助词。下"法与"同。

〔10〕 以齐王:拿齐国来完成"王天下"大业。由:与"犹"通用。反手:把手掌翻转过来,譬言甚易。

〔11〕 惑:怀疑。滋甚:更甚。

〔12〕 且:无义,作连词用,只加重语气。崩:天子死曰"崩",文王虽然未为天子,但被追尊为"王",死也称"崩"。洽:浃洽,沾被。

〔13〕 武王:文王第二子。周公:武王之弟。大行:普遍流行。功德大行,统一天下。

〔14〕 若:如此。若易然:如此容易的样儿。

〔15〕 当:相当,比并。

〔16〕 武丁:殷朝贤君。作:兴起。

〔17〕 朝(cháo)诸侯:接受诸侯朝见。运之掌:运转于手掌上,譬言甚易。

〔18〕 去:距离。

〔19〕 故家:旧家,指有勋劳的"世臣"。遗俗:前代遗留的善良风俗。流风:一贯流行的风气。

〔20〕 辅相:辅佐。

〔21〕 "尺地"二句:一尺土地、一个人民都属于殷。

〔22〕 犹:与"由"通用。

〔23〕 齐人有言:齐国民间流行的谚语。

〔24〕 镃(zī)基:田器,锄类。

〔25〕 夏后:夏朝亦称"夏后氏"。盛:谓极盛时代。地:指天子直接统治的地方。

〔26〕 "鸡鸣"二句:此言人口繁密。

〔27〕 改:变更。辟:扩展。聚:积聚。此言土地用不着更加大,民众用不着更加多,在现有的基础上,行仁政就能王天下,没有能抵挡得住的。

〔28〕 疏:疏阔,有长久的意义。"王者"不兴起的时间,没有比截至现在这一阶段的时间更长久的。

〔29〕 憔悴:困苦。

〔30〕 "饥者"二句:饥者、渴者,只要有食、有饮,虽然条件比较差,也容易解决问题。

〔31〕 置、邮:都是传递的意思,"置"是马递,"邮"是步递。仁德的流行,比邮置传达文书、政令还快。

〔32〕 倒悬:倒转吊起,比喻困苦。

〔33〕 "故事半"二句:工作仅只有古人的一半,功效却倍于古人。

章解

在这章里,和在"齐桓晋文之事"章答对齐宣王一样,孟子对公孙丑首先表示鄙视霸道的态度,其主要论点归结为:人民已不堪忍受在当时"争地以战、争城以战"的情况下所遭受的虐政压迫,迫切要求统一,因而"行仁政而王"比较古人能够收到"事半功倍"的效果。此章组织结构分三点说明:(一)全章内容包括反对霸道和主张王道两层,以带关键性的词句"以齐王,由反手也"承上启下,先作判断,以下说明理由;(二)主张王道这部分又分为今易和古难两层,承上启下的关键词句是"虽有智慧,不如乘势;虽有镃基,不如待时",而"今时则易然也"句则是先作判断,以下说明理由;(三)在说明王道的"今易"这部分的理由时,提出土地、人民、政事三个条件来作"今"和"古"的比较。(《尽心》下篇:"诸侯之宝三:土地、人民、政事。")齐是"有其地"、"有其民"的大国,前二条件胜过文王,后一条件如果具备,那末,王道在"今时"就"事半功倍",所以说:"以齐王,由反手也"。这样的组织形式,前宽后紧,逐步深入;显得层次分明,条理清楚。

宋人有闵其苗之不长章(节录)

宋人有闵其苗之不长而揠之者[1],芒芒然归[2],谓其人曰:"今日病矣[3]!予助苗长矣。"其子趋而往视之,苗则槁矣[4]。

天下之不助苗长者寡矣!以为无益而舍之者,不耘苗者也[5];助之长者,揠苗者也,非徒无益,而又害之[6]。

注释

[1] 宋:国名,在今河南商丘。闵:忧。苗:禾苗。长(zhǎng):生长。揠(yà):向上提拔。

[2] 芒:与"忙"通。芒芒然:疲劳的样儿。

[3] 其人:指他家里的人。病矣:累极了。

[4] 趋:跑。槁:干枯。

[5] 耘:除草。

[6] 非徒:不但。

章解

此《公孙丑》上篇"我四十不动心"章的一节。助苗长者比喻急躁冒进,不耘苗者比喻放任自流。

矢人岂不仁于函人哉章

孟子曰:"矢人岂不仁于函人哉?矢人惟恐不伤人,函人惟恐伤人[1]。巫匠亦然[2]。故术不可不慎也[3]。孔子曰:'里仁为美,择不处仁,焉得智?'[4]夫仁,天之尊爵也,人之安宅也;莫之御而不仁,是不智也[5]。不仁不智,无礼无义,人役也[6]。人役而耻为役,由弓人而耻为弓,矢人而耻为矢也[7]。如耻之,莫如为仁[8]。仁者如射:射者正己而后发,发而不中,不怨胜己者,反求诸己而已矣。"[9]

注释

〔1〕矢人:造箭的人。函人:制造铠甲的人。矢要锋利,愈能伤人愈好;函要坚固,避免伤害。

〔2〕巫:专业事神,为人求福。匠:木工,制造棺材,希望人死。

〔3〕术:职业。不是矢人本性比函人不仁,而是他所选取的职业决定了他"惟恐不伤人"的思想。孟子意在教育当时统治者,决定政治路线要审慎。

〔4〕"里仁"三句:所引孔子三句话见《论语·里仁》篇。里:民聚居,二十五家为"里"。"里"以有仁爱风俗的为美,住居不选择"仁"里,何得为明智?(职业习惯决定人们的思想,风俗习惯也对人们的思想影响很大,这在人们自己善

择、善处。)

〔5〕"夫仁"四句:对人的仁爱是人的高贵品质,能受到天下人的拥护,故曰"尊爵";人与人之间的"仁"表现为相爱相助,这是人们团结的基础,即是人们最安全的所在,故曰"安宅"。莫之御:即"莫御之"。没有哪个能挡住人们的"为仁",而人却选择"不仁"的路线,这是"不智"。

〔6〕"不仁"三句:"不仁"、"不智"就会导致"无礼"、"无义";"不仁"、"不智"、"无礼"、"无义"就会不被人尊重而被人役使。

〔7〕由:与"犹"通用。为人役使而引起耻辱的感觉,这和自己选择了制造弓矢的职业而以制造弓矢为耻辱一样地应该责备自己。

〔8〕"如耻"二句:如果以被役使为耻辱的话,最好是"为仁"。在《离娄》上篇"天下有道"章里,孟子说过这样的话:"天下无道的时候,小国被大国役使、弱国被强国役使成了自然的趋势;……如果小国以受大国支配为耻辱的话,最好学文王,就能得到天下人的拥护。"这里说"莫如为仁"和那里说"莫若师文王"同义。

〔9〕"射者"四句:射的中不中,取决于自己的技术修养,修养成熟,没有不中的;所以说要端正自己。"发而不中"是因自己的技术不够而失败,不能忌恨那胜过自己的,应回到自己身上要求技术的提高。

章解

　　本章说明,"为仁"如果没有得到相应的效果,那是对人民的仁恩不够,只有责备自己,更加努力"为仁"。孟子这番话是针对当时诸侯忌恨别人的"强",耻辱自己的"弱",采取"富国强兵"的路线,用战争的方法以求胜人的思想,加以驳斥,并给指出胜败、荣辱的关键在自己对"仁"与"不仁"的两条路线的选择如何。

子路人告之以有过章

孟子曰:"子路,人告之以有过,则喜[1];禹闻善言,则拜[2]。大舜有大焉[3]:善与人同[4],舍己从人[5],乐取于人以为善[6];自耕稼、陶、渔以至为帝[7],无非取于人者。取诸人以为善,是与人为善者也[8]。故君子莫大乎与人为善。"[9]

注释

〔1〕"子路"三句:子路勇于改过,故当别人指出他的过失的时候,他衷心地接受别人的意见,情不自禁地表示喜悦。

〔2〕拜:古人席地而坐,以"俯首至地"为"拜";后世人高坐,则站立作揖或鞠躬都可叫做"拜"。

〔3〕有大:有比禹和子路更伟大之处。

〔4〕善与人同:即与人同善的意思,亦即下文"与人为善"的意思。

〔5〕舍(shě)己从人:不固执自己的成见,接受别人提出的意见。

〔6〕"乐取于"句:快乐地向人们学习、取得好处来为善。

〔7〕耕稼、陶、渔:舜在历山耕田,历山的人都让田界;在雷泽打渔,雷泽的人对打渔有利的地点大家相让;在河滨制造陶器,河滨所产的陶器都不粗糙,很耐用。

58

〔8〕 与:助。与人为善:互相帮助,共同为善。

〔9〕 "故君子"句:君子认为"与人为善"有很伟大的意义。

章解

　　此章阐明"与人为善"——"善与人同"的意义。"善与人同"包括"舍己从人"和"乐取于人以为善"两层的意义。"乐取于人以为善"是"舍己从人"的扩大和提高。"闻过则喜"的子路和"闻善则拜"的禹是"舍己从人"的典型。"舍己从人"的精神更进一步的主动的积极的表现,就是广泛地向群众学习,吸取所有的"善"集合到自己身上;以此为快乐,叫做"乐取于人以为善"。这样主动的积极的"乐善"的精神也就会自然而然地不断鼓舞着自己帮助别人为善的热情,因而作为"乐"的泉源的"为善",意味着"互相帮助、大家共同为善"的道理。所以说,"取诸人以为善"即"乐取于人以为善"就是"与人为善",也就是"善与人同"。

天时不如地利章

孟子曰:"天时不如地利,地利不如人和[1]。三里之城,七里之郭[2],环而攻之而不胜。夫环而攻之,必有得天时者矣[3];然而不胜者,是天时不如地利也。城非不高也,池非不深也,兵革非不坚利也,米粟非不多也[4];委而去之[5],是地利不如人和也。故曰:域民不以封疆之界[6],固国不以山谿之险[7],威天下不以兵革之利[8]。得道者多助,失道者寡助[9]。寡助之至,亲戚畔之[10];多助之至,天下顺之[11]。以天下之所顺,攻亲戚之所畔,故君子有不战,战必胜矣。"[12]

注释

[1] 天时:古代作战,以天干(甲、乙、丙、丁、戊、己、庚、辛、壬、癸)、地支(子、丑、寅、卯、辰、巳、午、未、申、酉、戌、亥)所标志的时日(例如:甲子日、乙卯日等)和攻守地点的方位(东、南、西、北、中央)的适当配合为条件(某日攻某方、守某方为有利),来掌握胜败、吉凶的成数,这叫做"天时"。地利:地理形势对攻守的有利条件。人和:深得人心,团结一致。

[2] 郭:城外的大城。

〔3〕"夫环而"二句：既是"环而攻之"，其中就必有某些方位对于进攻所选用的时日是有利的。

〔4〕池：周围护城的沟池。兵：兵器。革：用皮革制成的战士所着的甲。粟：谷。

〔5〕委：放弃。去：离开。

〔6〕域：区域。此作动词用，有"有"的意义。域民：保有民众在一定的区域内，不会离开。以：用。封疆：疆界。界：限制。此谓国界拦不住人民不走，即不能保证人民为该国所有。

〔7〕"固国"句：巩固国土的安全，不用山谿的险要。

〔8〕"威天下"句：树立威势于天下，不用兵革的坚利。

〔9〕道：正义。

〔10〕至：至极，尽可能达到的程度。古代言"亲戚"，指血肉相连的亲近的族属，东汉以后，才专用于有婚姻关系的人们。畔：同"叛"。

〔11〕顺：服从。

〔12〕君子：指坚持正义的人。为"天下顺服"的君子，不战则已，战则必胜。

章解

　　此章阐明战争胜败的关键，决定于人心的向背——即国君能否把人民团结在自己的周围的问题。首二句，提出具有决定意义的命题；其次，逻辑地论证了命题的合理性；最后，推论团结即"人和"的绝对优越性，归结到得道多助、多助必胜的原理。

孟子将朝王章

孟子将朝王[1],王使人来,曰:"寡人如就见者也[2],有寒疾,不可以风[3];朝将视朝[4],不识可使寡人得见乎?"[5]

对曰:"不幸而有疾,不能造朝[6]。"明日,出吊于东郭氏。[7]

公孙丑曰:"昔者辞以病,今日吊,或者不可乎?"

曰:"昔者疾,今日愈,如之何不吊?"

王使人问疾,医来。孟仲子对曰[8]:"昔者有王命,有采薪之忧[9],不能造朝;今病小愈,趋造于朝,我不识能至否乎。"使数人要于路[10],曰:"请必无归而造于朝!"

不得已而之景丑氏宿焉[11]。景子曰:"内则父子,外则君臣,人之大伦也[12];父子主恩,君臣主敬[13]。丑见王之敬子也,未见所以敬王也。"[14]

曰:"恶,是何言也[15]!齐人无以仁义与王言者,岂以仁义为不美也?其心曰:是何足与言仁义也云尔[16]。则不敬莫大乎是。我非尧舜之道,不敢以陈于王前,故齐人莫如我敬王也。"

景子曰:"否,非此之谓也[17]。礼曰:'父召,无诺;君命召,不俟驾[18]。'固将朝也,闻王命而遂不果[19],宜与夫礼若不相似然。"[20]

曰:"岂谓是与[21]?曾子曰:'晋、楚之富,不可及也。彼以其富,我以吾仁;彼以其爵,我以吾义,吾何慊乎哉[22]!'夫岂不义而曾子言之?是或一道也[23]。天下有达尊三[24]:爵一,齿一,德一。朝廷莫如爵,乡党莫如齿,辅世长民莫如德[25]。恶得有其一,以慢其二哉![26]

"故将大有为之君,必有所不召之臣[27],欲有谋焉则就之[28];其尊德乐道,不如是不足与有为也[29]。故汤之于伊尹,学焉而后臣之,故不劳而王[30];桓公之于管仲,学焉而后臣之,故不劳而霸。今天下地丑德齐,莫能相尚;无他[31],好臣其所教,而不好臣其所受教[32]。汤之于伊尹,桓公之于管仲,则不敢召;管仲且犹不可召,而况不为管仲者乎!"[33]

注释

〔1〕朝(cháo)王:朝见齐宣王。

〔2〕如:与"将"同义,犹言"打算"。就:迁就。谓打算迁就孟子,到孟子的住所相见。

〔3〕不可以风:不可冒风。

〔4〕上"朝"字:读本音,即"明朝"。下"朝"字:音cháo。视朝:在朝廷接见群臣。

〔5〕"不识"句:齐王这样问,是表示希望孟子去朝见他的意思。

〔6〕造:往。

〔7〕吊:吊丧。东郭氏:以"东郭"为姓氏的齐大夫。

〔8〕孟仲子:孟子的叔伯弟兄,学于孟子。

〔9〕采薪之忧:谓有病,但不直言,却谦卑地说,有不能出门采伐柴薪的痛苦。

〔10〕要于路:中途拦住。

〔11〕之:往。景丑氏:齐大夫景丑的家。宿:住宿。

〔12〕伦:为社会制度所规定的人与人间的正常关系。儒家以君臣、父子、夫妇、兄弟、朋友五种关系为五伦。

〔13〕恩:爱。敬:礼貌恭敬。

〔14〕子:您。"所以"上省略一"子"字。

〔15〕恶(wū):叹词,表惊讶。

〔16〕是:此,指齐王。云尔:表示确定无疑的助词。

〔17〕非此之谓:问题不在这里。

〔18〕礼:指记载礼节的经典。诺:答应着,但不立即行动。不俟驾:不等待牵马来把车驾好,急速前往。

〔19〕固:本来。遂:终究。不果:不实行。

〔20〕宜:应该,可能,表示推论语气的副词。夫:这个或那个,作指示代词用。应该说是和那个礼节好像不相似吧!

〔21〕是:这个或那个(指上文景子所说)。与(yú):疑问助词。孟子说:问题岂是像你所说那样吗?(孟子否认闻命即行的恭敬形式。)

〔22〕慊:不足。彼以"富"和"爵"为满足,我以"仁"和"义"为满足,我有什么不足于心而敌不过他的呢?

〔23〕夫:这个或那个(所指与下句的"是"字同)。这岂是"不义"的说法而会从曾子口里说出来吗?这也是一个正当的道理啊!

〔24〕达:一般通行的。达尊:一般被尊敬的对象。

〔25〕爵:爵位,朝廷所尊贵的。齿:年龄,乡里所尊贵的。辅世:辅导社会,养成善良风俗。长民:掌握政教,堪为民众的长上。德:德行。

〔26〕恶(wū):何。其一:指爵位。慢:骄傲。其二:指年龄和德行。

〔27〕不召之臣:受特殊礼貌待遇,不被召唤的贤臣。

〔28〕"欲有"句:如果要和他商量国事,就去迁就他,亲自往见。

〔29〕"其尊德"二句:这是"大有为之君""尊德乐道"的表现,不如是,就不配"有为"。

〔30〕学焉:以之为师。不劳:不费力。王(wàng):受人民拥戴为天下的王。

〔31〕天下:指天下的诸侯。地:指国土。丑:同类。德:指政治上的表现。齐:等同。尚:同"上",即胜过的意思。无他:没有别的原因(意思说,谁也不敢胜过谁的原因,就是如下文所说)。

〔32〕好(hào):喜好。臣:任用为臣僚,作动词用。其所教:可以被自己教导的。其所受教:自己应该接受他的教导的。

〔33〕"管仲"二句:孟子自谓是不屑为管仲的。

章解

孟子仕齐,位为客卿,只备顾问,没有一定职务,据他自述,未曾接受俸禄(参考《公孙丑》下篇"孟子去齐居休"章);而且,他认为君臣是相对的关系(参考《离娄》下篇"君之视臣如手足"章),臣无绝对服从君命的义务。在这章里,他说明拒绝齐王召见的理由时,表现着他的自尊心,并阐明君臣关系是结合在道义和共同事业的基础上的,臣对君不应该专在礼节形式上表示庸俗的恭敬。他曾说过:"责难于君谓之恭,陈善闭邪谓之敬"(《离娄》上篇"离娄之明"章)。(勉励国君努力做那自己认为困难的好事;陈说善道,禁闭邪恶的道路——这才是臣对君的恭敬。)他对"君臣主敬"的解释,正是运用这个道理。他的弟子万章问过他:"孔子,君命召,不俟驾而行(见《论语·乡党》篇);然则孔子非与?"他答:"孔子当仕有官职,而以其官召之也。"(《万章》下篇"万章问不见诸侯"章)那末,君为臣所主管的职事而召臣,臣为忠于职务,应当急速应召前往;但是,孟子曾自言"我无官守"(见《公孙丑》下篇"孟子谓蚳鼃"章),所以他不受这个礼节的拘束。

全章分三段:(一)孟子不接受齐王召见的事实;(二)孟子不接受召见的理由——臣的恭敬不表现在形式上的承顺,而表现在"责难"、

"陈善"——这是就为臣的这方面说;(三)齐王不应召见孟子的理由——君的尊贵不表现在地位的优越,而表现在"尊德乐道"——这是就为君的那方面说。

前日于齐章

陈臻问曰[1]:"前日于齐,王馈兼金一百而不受[2];于宋,馈七十镒而受;于薛,馈五十镒而受[3]。前日之不受是,则今日之受非也;今日之受是,则前日之不受非也:夫子必居一于此矣。"[4]

孟子曰:"皆是也。当在宋也,予将有远行[5]。行者必以赆,辞曰:'馈赆。'[6]予何为不受?当在薛也,予有戒心[7],辞曰:'闻戒,故为兵馈之。'[8]予何为不受?若于齐,则未有处也[9],无处而馈之,是货之也。焉有君子而可以货取乎?"[10]

注释

〔1〕陈臻:孟子弟子。

〔2〕馈(kuì):赠予。兼:倍。金:黄金。兼金:质量好、价值加倍的黄金。一百:一百金。汉以前,黄金以"镒(二十两)"为单位,一百金即一百镒的黄金。

〔3〕宋:国名,都城在今河南商丘。薛:本春秋时小国,战国时,其地属齐,距滕国很近,在今山东滕县东南。齐威王(宣王父)封他的庶子(非正妻所生的儿子)田婴于薛,田婴的儿子田文(即孟尝君)承继父业,被称为薛公,俨然成为一个

国君。

〔４〕 非:错误。此:指上文的两个"非"。陈臻说:先生必定要占其中的一个。

〔５〕 远行:那时孟子将由宋国往魏国(梁)。

〔６〕 赆(jìn):作为旅费赠予别人的金钱。辞:措词。

〔７〕 戒心:警戒、防备的心情(那时有人想要害孟子)。

〔８〕 "闻戒"二句:听说先生戒备,为购置武器("兵")而赠予金钱。

〔９〕 处:用途。

〔１０〕 货之:利诱("货"作动词用)。货取:金钱收买。

孟子之平陆章

孟子之平陆,谓其大夫曰[1]:"子之持戟之士,一日而三失伍,则去之否乎?"[2]

曰:"不待三。"

"然则子之失伍也亦多矣[3]。凶年饥岁,子之民——老羸转于沟壑[4]、壮者散而之四方者,几千人矣。"

曰:"此非距心之所得为也。"[5]

曰:"今有受人之牛羊而为之牧之者,则必为之求牧与刍矣[6]。求牧与刍而不得,则反诸其人乎?抑亦立而视其死与?"[7]

曰:"此则距心之罪也。"

他日见于王[8],曰:"王之为都者[9],臣知五人焉。知其罪者,惟孔距心。"为王诵之[10]。

王曰:"此则寡人之罪也。"

注释

〔1〕之:往。平陆:齐地名。其大夫:平陆的大夫,即平陆的行政首长。

〔2〕子:您。持戟之士:持兵戟的卫士。失伍:不到队伍上来,开小差。去之:开除。

〔3〕然则:上省略"曰"字,此下孟子言。

〔4〕羸(léi):瘦弱。转:扔弃,此谓死后尸体被扔弃(又见"邹与鲁哄"章)。壑:坑。此言饿死的"老羸"很多,尸体被扔弃于沟坑,不得埋葬。

〔5〕距心:平陆大夫名,姓孔。孔距心把责任推诿为齐王不发粮谷来赈济饥民。

〔6〕"牧之"的"牧":作动词用,意义是"养"。"求牧"的"牧":作名词用,意义是"牧地"。刍:草料。

〔7〕反:还。诸:于。抑:或。"死与"的"与(yú)":疑问助词。

〔8〕"他日"句:另一日,孟子进见于齐王。

〔9〕为:治理。都:县邑。

〔10〕诵:按照原文宣读,谓按前与孔距心问答的话为齐王重述一遍。

章解

此章记孟子严厉斥责齐国君臣对人民生活不负责的罪行。在一个问题上,教育了两方面的人。对不同的对象,采取不同的斗争方法:对孔距心从正面攻击,逼使他不得不承认错误;对齐王则从侧面衬托,使他认识自己的罪过。对齐王重述与孔距心问答的话,只用"为王诵之"一句作交代,这是文字的剪裁法。

燕人畔章

燕人畔[1]。王曰:"吾甚惭于孟子。"[2]

陈贾曰:"王无患焉。王自以为与周公孰仁且智?"[3]

王曰:"恶,是何言也?"[4]

曰:"周公使管叔监殷,管叔以殷畔[5]。知而使之,是不仁也;不知而使之,是不智也;仁智,周公未之尽也,而况于王乎?贾请见而解之。"[6]

见孟子,问曰:"周公何人也?"

曰:"古圣人也。"

曰:"使管叔监殷,管叔以殷畔也,有诸?"

曰:"然。"

曰:"周公知其将畔而使之与?"[7]

曰:"不知也。"

"然则圣人且有过与?"[8]

曰:"周公,弟也;管叔,兄也,周公之过,不亦宜乎[9]。且古之君子,过则改之;今之君子,过则顺之[10]。古之君子,其过也,如日月之食,民皆见之;及其更也,民皆仰之[11]。今之君

71

子,岂徒顺之,又从为之辞。"〔12〕

注释

〔1〕燕人畔:齐宣王欲取燕,孟子告诉他,要立燕民所欲立的君,不要取燕(见"齐人伐燕取之"章)。但古书中没有齐王立燕君的事,却有燕人立公子平的记载(见《史记·燕召公世家》),那就证明燕人自己立了君,没有归附齐国;在齐国说来,就说为燕人背叛了齐国。畔:与"叛"同。

〔2〕"吾甚"句:燕虽有可伐之罪,但齐不行仁政,孟子本不劝齐伐燕;及齐取燕后,处理燕事不合孟子主张,不得人心,导致"燕人畔"的结果。所以宣王说:"对孟子,我很惭愧。"

〔3〕陈贾:齐大夫。患:忧虑。孰:谁。

〔4〕恶(wū):作叹词用,表惊讶。是何言也:这是什么话。周公是著名的圣人,齐王自知不敢和他相比。

〔5〕管叔:周文王之子,武王之弟,被封于管,非长子,按弟兄排行被称为"叔"。监殷:监督殷纣的儿子武庚和殷的遗民。武王死,成王即位,年幼,周公主持国政;管叔、蔡叔怀疑周公要篡位,不利于成王,就以殷地为根据,对周发动叛乱。

〔6〕"周公"三句:周公对仁智尚且未能贯彻得好,何况王呢?这是说,宣王对伐燕问题的过失,不是什么了不起的事,何必惭愧呢?陈贾对宣王说,自愿往见孟子加以解释。

〔7〕与(yú):疑问助词。下同。

〔8〕"然则"句:此句陈贾问,语势急,省略"曰"字。

〔9〕"周公"六句:有兄弟亲爱的感情,不怀疑管叔会作乱;这是周公"不知而使之,是不智也"。把这评为周公的过失,是应该的。

〔10〕且:承接上文,另外提头的连词。古之君子、今之君子:古之所谓"君子"、今之所谓"君子"。

〔11〕更:改。仰:望见。

〔12〕岂徒:不但。从为之辞:从而寻找借口,编造辞句来掩饰过失。

章解

　　此章不是讨论齐伐燕的对不对的问题,而是说明人不怕犯错误,只怕掩饰错误而又不能改。虽然陈贾没有提出伐燕问题,孟子却已掌握他的思想情况,针对他为齐王辩护错误的卑鄙心理,痛快地打中了他的要害——"岂徒顺之,又从为之辞"。那末,齐王的"惭"终不可解。掩饰错误,空费心力,公开承认错误,勇决改正错误,才是光明磊落的君子——这是孟子给予他们的教训。"然则圣人且有过与?"是全章关键性的句子:在上文,陈贾和齐王谈话,正要这句话得着孟子的承认以表示他们的胜利;在下文,孟子也正是在承认这个话的前提下来摧毁他们错上加错的卑鄙思想,以暴露他们的失败。

孟子致为臣而归章

孟子致为臣而归[1]。王就见孟子,曰:"前日愿见而不可得[2],得侍同朝甚喜[3];今又弃寡人而归,不识可以继此而得见乎?"

对曰:"不敢请耳,固所愿也。"[4]

他日,王谓时子曰[5]:"我欲中国而授孟子室,养弟子以万钟[6],使诸大夫国人皆有所矜式,子盍为我言之!"[7]

时子因陈子而以告孟子[8],陈子以时子之言告孟子。

孟子曰:"然,夫时子恶知其不可也[9]!如使予欲富,辞十万而受万,是为欲富乎[10]?季孙曰[11]:'异哉子叔疑!使己为政,不用,则亦已矣;又使其子弟为卿。人亦孰不欲富贵,而独于富贵之中,有私龙断焉。'[12]古之为市也,以其所有,易其所无者;有司者治之耳[13]。有贱丈夫焉,必求龙断而登之,以左右望而罔市利[14]。人皆以为贱,故从而征之[15];征商,自此贱丈夫始矣。"

注释

〔1〕 致为臣:即所谓"致仕"或"致政"。"致"有"还"义,把"仕"或"政"归还于君,即退位不仕的意思。

〔2〕 前日:指孟子未到齐国时。

〔3〕 得侍同朝:指孟子来仕于齐时。"侍"有接待的意义;君臣同朝,齐王谦言"我得接待你"。

〔4〕 "不敢"二句:今后再见的问题,只是我不敢自请,固然是我很愿意的。

〔5〕 他日:另外的一天。时子:齐大夫。

〔6〕 中:作介词用,齐王打算于国都的中央给孟子一所房子。弟子:指孟子的弟子。钟:六石四斗(古量器小,这里所谓一斗约相当于近代量器的二升)。这万钟的粮谷本是赠给孟子的,但不直言给孟子而言给予孟子作为养弟子的费用,这是在封建时代赠予人对受赠予的人修饰礼貌的措词。

〔7〕 矜式:崇敬和效法。盍:何不。

〔8〕 因:依靠,委托。陈子:名臻,孟子弟子。

〔9〕 然:作"如是"解,犹言"这样么"。夫:彼。恶(wū):何。此句译成今语:"那时子哪能知道这件事儿的不对呀!"

〔10〕 "如是"三句:译成今语:"假使我贪财富的话,我曾经辞却十万钟,而今天反来接受万钟么?这是我贪财富吗?"此处语气急,因而意思曲折,词句简练。辞十万:十万是孟子仕齐六七年应得俸禄的总数(说详清阎若璩《孟子生卒年月考》),孟子没有接受;这在本书《公孙丑》下篇"孟子去齐居休"章得到证明。

〔11〕 季孙曰:自此以下至"有私龙断焉",是孟子引用季孙讥评子叔疑的话。

〔12〕 "异哉"八句:怪哉,子叔疑这个人!自己被委派管理政事,却不被信任,那末,就不干好了!但又使他的子弟去活动"为卿"。人们谁不想富贵,却只有他才这样地贪得无厌,抓得厉害,好像在那"富贵之中"他要独占、把持,只许自己专利,不让别人伸手一样。私:独占的意思。龙(lǒng):通"垄"。龙断:突出平地、四面隔绝、高耸着的土墩。

〔13〕 为市:市场交易。所有:下省略"者"字。有司者:主管官吏。治之耳:

管理而已。

〔14〕 丈夫:男子。罔:同"网",此作动词用,一网打尽。

〔15〕 征:征税。

章解

　　孟子在齐为客卿数年,总是和齐王"貌合神离",不被信任。此时,孟子知道齐王终究难与有为,不得已,"致为臣而归"。但齐王还想用金钱收买他,给予"万钟"的待遇,想留他在齐国。此章记述孟子坚决拒绝这金钱收买的事,态度严正,词锋犀利。儒家尤其是孟子所谓的"义",正要表现在有关"辞"、"受"、"进"、"退"这些个人自处的问题上。他曾说过这样一些道理:王公尊敬贤人,要和他共治国事,有职有权,如同尧对待舜那样;如果"悦贤而不能举(任用)",就等于侮辱贤人当作"犬马"来养着。在贤人这方面,如果"谏不行,言不听",就该走开;立在朝廷上而不能行自己所抱负的"道",那是耻辱;对"非其义也,非其道也"的财富,是决不接受的,"君子"是不可以"货取"(金钱收买)的(散见《公孙丑》、《万章》上下各篇)。他把光受禄、不被信任、担个虚名的"卿",比喻作"龙断"商人,叫做"贱丈夫";这表示他拒绝"万钟"的坚决态度,也是对齐王的辛辣的讽刺。

孟子去齐尹士语人章

孟子去齐[1]。尹士语人曰[2]:"不识王之不可以为汤武,则是不明也;识其不可,然且至,则是干泽也[3]!千里而见王,不遇故去,三宿而后出昼,是何濡滞也[4]!士则兹不悦。"[5]

高子以告[6]。

曰:"夫尹士,恶知予哉[7]!千里而见王,是予所欲也;不遇故去,岂予所欲哉?予不得已也。予三宿而出昼,于予心犹以为速,王庶几改之!王如改诸,则必反予[8]。夫出昼而王不予追也,予然后浩然有归志[9]。予虽然,岂舍王哉[10]?王由足用为善[11]。王如用予,则岂徒齐民安,天下之民举安[12]。王庶几改之,予日望之!予岂若是小丈夫然哉——谏于其君而不受则怒,悻悻然见于其面,去则穷日之力而后宿哉?"[13]

尹士闻之曰:"士诚小人也。"

注释

〔1〕去齐:离开齐国。

〔2〕尹士:齐人。语(yù):告诉。

〔3〕然且至:然而还是到来。干:求。泽:有"润"的意义,此指君的"恩泽"。

〔4〕不遇:不相投合。三宿:隔三夜。昼:齐地名。濡滞:迟缓。

〔5〕"士则"句:我对此事思想上解不开。

〔6〕高子:齐人,孟子弟子。

〔7〕夫:彼。恶:何。

〔8〕庶几:也许,或者可能,表希望的意思。改之:改变态度。诸:之。反予:召还我。

〔9〕不予追:不追予。浩然:远大、活泼的样儿。

〔10〕"予虽然"二句:虽然如此,予岂舍王哉?

〔11〕由:与"犹"通用。足用:足以。

〔12〕徒:但。举:皆。

〔13〕悻悻然:使气的样儿。见(xiàn):同"现"。穷:尽。我岂像那"小丈夫"那样,谏君不听就发怒,满脸气冲冲地走开,一走就尽一日的气力,跑得受不住才歇下来吗?

章解

此章说明孟子怀抱"安天下"的大愿,对齐王寄予很高的希望;他为济世救民所采取的耐心等待、叮咛恳切的态度,是和以自己功名富贵为目的的公孙衍、张仪"一怒而诸侯惧"不同的(说详"公孙衍张仪"章)。

有为神农之言者章

有为神农之言者许行[1],自楚之滕,踵门而告文公曰[2]:"远方之人,闻君行仁政,愿受一廛而为氓[3]。"文公与之处[4]。其徒数十人,皆衣褐,捆屦织席以为食[5]。

陈良之徒陈相,与其弟辛,负耒耜而自宋之滕[6],曰:"闻君行圣人之政,是亦圣人也,愿为圣人氓。"

陈相见许行而大悦,尽弃其学而学焉。陈相见孟子,道许行之言[7],曰:"滕君,则诚贤君也;虽然,未闻道也[8]。贤者与民并耕而食,饔飧而治[9]。今也,滕有仓廪府库,则是厉民而以自养也,恶得贤!"[10]

孟子曰:"许子必种粟而后食乎?"[11]

曰:"然。"

"许子必织布然后衣乎?"

曰:"否,许子衣褐。"

"许子冠乎?"[12]

曰:"冠。"

曰:"奚冠?"[13]

曰："冠素。"[14]

曰："自织之与?"[15]

曰："否,以粟易之。"

曰："许子奚为不自织?"

曰："害于耕。"[16]

曰："许子以釜甑爨[17],以铁耕乎?"

曰："然。"

"自为之与?"

曰："否,以粟易之。"

"以粟易械器者,不为厉陶冶[18];陶冶亦以其械器易粟者,岂为厉农夫哉? 且许子何不为陶冶,舍皆取诸其宫中而用之[19]? 何为纷纷然与百工交易[20]? 何许子之不惮烦?"[21]

曰："百工之事,固不可耕且为也。"[22]

"然则治天下[23],独可耕且为与? 有大人之事,有小人之事[24]。且一人之身而百工之所为备,如必自为而后用之,是率天下而路也[25]。故曰:或劳心,或劳力[26]。劳心者治人,劳力者治于人;治于人者食人,治人者食于人:天下之通义也[27]。

"当尧之时,天下犹未平,洪水横流[28],泛滥于天下;草木畅茂,禽兽繁殖,五谷不登,禽兽逼人[29],兽蹄鸟迹之道,交于中国[30]。尧独忧之,举舜而敷治焉[31]。舜使益掌火,益烈山泽而焚之[32],禽兽逃匿。禹疏九河[33],瀹济漯,而注诸海[34];决汝汉,排淮泗,而注之江[35];然后中国可得而食也[36]。当是时也,禹八年于外,三过其门而不入[37],虽欲耕得乎?

"后稷教民稼穑,树艺五谷,五谷熟而民人育[38]。人之有道也,饱食暖衣,逸居而无教,则近于禽兽[39]。圣人有忧之[40],使契为司徒[41],教以人伦:父子有亲,君臣有义,夫妇有别,长幼有叙,朋友有信[42]。放勋曰劳之来之,匡之直之,辅之翼之,使自得之,又从而振德之[43]。圣人之忧民如此,而暇耕乎?

"尧以不得舜为己忧,舜以不得禹、皋陶为己忧[44];夫以百亩之不易为己忧者,农夫也[45]。分人以财谓之惠,教人以善谓之忠[46],为天下得人者谓之仁[47]。是故以天下与人易,为天下得人难。孔子曰[48]:'大哉尧之为君!惟天为大,惟尧则之,荡荡乎,民无能名焉[49]!君哉舜也!巍巍乎,有天下而不与焉[50]!'尧舜之治天下,岂无所用其心哉?亦不用于耕耳。

"吾闻用夏变夷者,未闻变于夷者也[51]。陈良,楚产也[52],悦周公、仲尼之道,北学于中国[53];北方之学者,未能或之先也[54],彼所谓豪杰之士也[55]。子之兄弟,事之数十年,师死而遂倍之[56]。昔者,孔子没,三年之外[57],门人治任将归[58],入揖于子贡,相向而哭,皆失声[59],然后归。子贡反,筑室于场,独居三年[60],然后归。他日,子夏、子张、子游,以有若似圣人,欲以所事孔子事之,强曾子[61]。曾子曰:'不可。江汉以濯之,秋阳以暴之,皜皜乎不可尚已!'[62]今也,南蛮鴃舌之人[63],非先王之道;子倍子之师而学之,异于曾子矣。吾闻出于幽谷,迁于乔木者,未闻下乔木而入于幽谷者[64]。《鲁颂》曰:'戎、狄是膺,荆、舒是惩。'[65]周公方且膺之,子是之学,亦为不善变矣。"[66]

"从许子之道[67],则市贾不贰,国中无伪;虽使五尺之童适市,莫之或欺[68]。布帛长短同,则贾相若;麻缕、丝絮轻重同,则贾相若;五谷多寡同,则贾相若;屦大小同,则贾相若。"[69]

曰:"夫物之不齐,物之情也:或相倍蓰,或相什百,或相千万[70]。子比而同之[71],是乱天下也。巨屦小屦同贾,人岂为之哉[72]?从许子之道,相率而为伪者也,恶能治国家!"[73]

注释

〔1〕为:治,研究。神农:传说中远古时住在中部地区的羌族的酋长——炎帝。据说炎帝姓姜,开始教民农作,被称为"神农氏"。神农之言:神农的学说。先秦诸子中被列为九流之一的"农家",主张"播百谷,劝耕桑,以足衣食"(《汉书·艺文志》),假托为"神农之言"。

〔2〕之:往。踵:足。此处作动词用,训为"至",就是用足走到的意思。

〔3〕廛:住宅。氓:亦即是"民",是从他国迁来的民。

〔4〕处:住所。

〔5〕衣(yì):穿衣,作动词用,下同。褐(hè):用未绩的麻编织的所谓"粗衣"。捆:编织。捆屦:编草鞋。以为食:以供给生活。

〔6〕耒(lěi)耜(sì):耕犁。"耒"是木制的柄,"耜"是铧。

〔7〕道:称引,作动词用。

〔8〕道:治国的大道理,作名词用。

〔9〕饔(yōng)飧(sūn):熟食,早餐曰"饔",晚餐曰"飧"。饔飧而治:自办火食,兼理国事。

〔10〕厉:困苦。恶(wū):何。

〔11〕种粟:谓自己种粟。

〔12〕冠:帽子,此作动词用,谓戴帽子。

〔13〕奚:何。戴什么帽子?

〔14〕素:丝织成的素材,不加色染。

〔15〕与(yú):疑问助词,下文句末的"与"同。

〔16〕害:妨害。

〔17〕爨:炊。

〔18〕"以粟"二句:自此以下至"不惮烦"是孟子所言,上面省略"曰"字。

陶:制造陶器,此指制造陶器的人。冶:熔铁,此指制造铁器的人。

〔19〕 且:掉转话头的连词。舍:甚么,此谓无论甚么东西。诸:于。宫:室,家。

〔20〕 纷纷然:忙乱地。百工:各项工人。

〔21〕 惮烦:怕麻烦。

〔22〕 "百工"二句:各项手工自然不可能都加在一人身上,连同耕作,兼带进行。

〔23〕 "然则"句:自此以下,都是孟子说的话,"然则"上省"曰"字。

〔24〕 大人、小人:《孟子》书中,"大人"与"小人"对言,"君子"与"小人"或"野人"对言;前者指统治阶级,后者指被统治阶级。孟子以为在上位者必是贤智之士,小民则皆愚鄙之人,故有"无君子莫治野人,无野人莫养君子","劳心者治人,劳力者治于人"之说。这是把这两种人的社会学的意义和伦理学的意义合而为一的,但前一意义则是基本的,这是当时儒家伦理学范畴的强烈的阶级意识的表现。

〔25〕 率:导致。路:与"露"通用,此谓不得在室内休息,老是暴露在外面,忙忙碌碌地弄得疲劳困顿、受不了。串起来讲:而且一个人身上具备了百工所做的东西,如果一定都要自己制造的才能使用的话,那末,就导致天下的人都陷入疲劳困顿的状况了。

〔26〕 "或劳心"二句:《左传·襄公九年》和《国语·鲁语》都说,"君子劳心,小人劳力"是"先王"的制度。这里两个"或"字,一指上文的"大人"(即"君子"),一指上文的"小人"。孟子正是引用所谓"先王"的制度,故加"故曰"二字。

〔27〕 治人:统治人。治于人:被人统治。食(sì)人:养活人。食于人:被人养活。通义:共通的法则。

〔28〕 横(héng)流:不顺水道乱流。

〔29〕 登:成熟。逼人:迫近于人。

〔30〕 "鸟兽"二句:到处显印着兽蹄鸟迹,变成了道路,交织于中原各地。中国:一般指中原本部。

〔31〕 举:选拔。敷治:敷布治理。

〔32〕 益:舜臣名。掌火:古有掌火之官。烈:燃起猛烈的火焰。

〔33〕 疏:划分,疏通。河:古书中凡言"河",都指黄河。九河:是禹在黄河下游所开凿的九条支流。据说,春秋时齐桓公把它们改修,汇合为一,现已不能考其故迹,仅存其名于《尔雅》。

〔34〕 瀹:疏通。济漯(luò):二水名,通过山东。注:注入。诸:于。

〔35〕 决:开凿水道,放出水来。汝汉:二水名,通过河南湖北二省。排:排泄。淮泗:二水名,通过江苏安徽二省。之:于。江:长江。

〔36〕 "然后"句:洪水消退,地上才得种五谷供给粮食。

〔37〕 其门:禹家的大门。

〔38〕 后稷:名弃,姓姬,周王朝的始祖。"后稷"本是主管农事的官,弃是开始种稷和麦的人,尧命他为此官。树艺:种植。五谷:稻、黍、稷、麦、菽。育:养育。

〔39〕 有:为。道:犹言"规律"。也:犹"者"。人类生活所表现出来的现象是:饱食暖衣,安居而无教育,就会接近于禽兽。(《滕文公》上篇"滕文公问为国"章的"民之为道也",句法正与此同。)

〔40〕 有(yòu):此处作为"又"字用。

〔41〕 契(xiè):是商王朝的始祖之名,姓子。司徒:主教化的官。

〔42〕 人伦:人与人之间的正常秩序。搞好人与人之间的关系,其内容有:亲爱,礼义,分别内外,次序,信用。

〔43〕 放勋:尧的号。日:犹今言日日、经常。劳(lào)、来(lái):同一义:勤勤恳恳地关心。匡、直:同一义:纠正。辅、翼:同一义:帮助。重迭言之,表示郑重、恳切的意思。自得:自觉。振:救济。德:加以恩德,作动词用。

〔44〕 己忧:自己忧虑的事。皋陶:尧舜时为"士"(最高法官)。

〔45〕 夫:彼。易:治。那个以百亩之田没有搞好为切己的忧虑的,是农夫。

〔46〕 忠:此谓对人或对事的高度积极性和责任感,"教人以善"正是这种积极性和责任感的具体表现。

〔47〕 仁:仁者爱人,能够为治理天下得到人才,把天下事办好,对广大人民

有利,那就是爱人的表现。

〔48〕孔子曰:自此以下至"而不与焉"是孟子引孔子歌颂尧舜的话,又见《论语·泰伯》篇。

〔49〕则:效法,以为法则。荡荡乎:广大的样儿。无能名:不可名状,难以形容。

〔50〕君哉:为君的最好榜样啊! 巍巍乎:高大的样儿。有天下:就是为天子。不与(yù):不相干。天子地位最高大,但这"高大"对舜说来,好像和他不相干的样儿。就是说,舜并不觉其高大而自满,总是勤勤恳恳地为天下办事,这才是真正的"高大"。

〔51〕夏:本义是"中国人",中国本部区域亦称为"夏"或"诸夏";边远地区或部族则被称为蛮,夷,戎,狄。变:同化。变于夷:被"夷"同化。

〔52〕楚产:生长于楚地的人。

〔53〕"北学"句:往北方游学,到了中原本部。

〔54〕未能或之先:即"未能或先之"。先:超过。没有哪个能够超过他的。

〔55〕彼:指陈良。豪杰:千百人中出色的人物。

〔56〕子之兄弟:你们弟兄,指陈良、陈辛。事之:以他为师。倍:同"背"。

〔57〕三年之外:古代弟子对死去的师,虽然没有服丧的规定,但在儒家却有所谓"心丧三年";就是说,悼念在心里,如同对父母的哀情一样,要过三年才能够渐渐地丢淡。这表现在生活实践上,有的守墓,有的留守在原来讲学的地方达三年之久。因为这个"三年"是完全以感情为根据的,不是制度的拘束,所以子贡又加了三年。

〔58〕门人:即"弟子"。任:负担,此指负担的东西,即行李。治任:收拾行李。

〔59〕入揖:入内作揖。子贡:姓端木,名赐,孔子弟子。失声:声都哭哑了。

〔60〕反:同"返"。场:墓前场地。诸弟子都已散归,子贡又回到墓所,盖一间小房子,住了三年。

〔61〕他日:后来有一天。子夏:姓卜,名商。子张:姓颛孙,名师。子游:姓言,名偃。有若:姓有,名若。皆孔子弟子。圣人:指孔子。有若的面貌像孔子,

他们想用对待孔子的礼貌来对待有若,以纪念孔子。强:强迫,勉强。曾子原不赞成,他们勉强劝说曾子。

〔62〕阳:同"旸",正午当顶的太阳。周历的秋当夏历(即今农历)的夏,"秋阳"谓夏天太阳当顶、最强烈的日光。暴(pù):晒干。皜皜(hào):光明高大。尚:同"上"。不可尚:不可能上得去。已:表示决定性的句末助词。这三句是曾子根据自己的体会,歌颂孔子的伟大:"江汉"句比喻孔子的教育内容的丰富像"江汉"的水那样多来洗濯过自己,"秋阳"句比喻孔子的教育的感化力如夏天当顶的太阳那样强烈地锻炼过自己,他的境界真光明高大啊!我们不可能达到。(《论语·子张》篇记载子贡颂扬孔子:"夫子之不可及也,犹天之不可阶(梯)而升也。"正和曾子这句话的意义相同。)子夏等取有若的面貌来纪念孔子,曾子却从纪念孔子要永远学习孔子的本质这一点出发,认为谁也不能比孔子,也就不能以对待孔子的师礼去对待任何人。

〔63〕南蛮:许行是楚人,被指为南方蛮族。鴃(jué):鸟名,即伯劳。鴃舌:比喻怪异难听的语言。孟子这个话还不仅意味着语言的难听,而且着重指出语言的内容尽是怪话。

〔64〕"吾闻"三句:《诗经·小雅·伐木》篇:"出自幽谷,迁于乔木。"诗意:鸟从幽暗的山谷,迁移到高大的树木上,以招求朋友。孟子比喻的意思:人们应向着高明的好的方面,为学习而访求师友;不应该从已经得到的光明的途径,反而后退到幽暗中去。

〔65〕"《鲁颂》"三句:此二句诗引自《诗经·鲁颂·閟宫》篇,诗意歌颂周公对待戎、狄、荆、舒的态度和功绩。荆:即"楚"。舒:是附楚的小国,都属于南方蛮族。膺:敌对,打击。惩:制止。在古汉语里,宾语用在动词前面的时候,中间用"是"或"之"作为助词。这两句的意思:对戎狄则打击,对荆舒则制止其侵犯。

〔66〕不善变:周公对南方蛮族方且作为敌人来打击,你则学习它,那就不是"变夷"而是"变于夷",故为"不善变"。

〔67〕"从许子"句:自此以下至"屦大小同则贾相若",是陈相说的话,省略"曰"字。

〔68〕贾:同"价",下同。贰:同"二"。五尺之童:古代尺寸比今小,"五尺"约相当于今市尺三尺稍强。"五尺之童"大约是八九岁的儿童。适:往。

〔69〕相若:相等。缕:麻线。絮:丝绵。屦:鞋子。

〔70〕不齐:不同。情:指物的本质。蓰(xǐ):五倍。什:十倍。

〔71〕比:合拢。

〔72〕巨屦:粗屦。小屦:细屦。孟子的意思:许子只问鞋子形式的大小,不管鞋子质量的精粗,那末,哪个愿意这样做呢?

〔73〕恶(wū):何。按许子的办法,就是让大伙儿跟着作伪,怎能治好国家!

章解

在这篇具有强烈论战性的文章里,孟子反对农家许行的学说,尤其着重批评许行"君臣并耕"的说法,从而颂扬尧、舜、周公、孔子之道。为了宣传儒家学说,孟子提出"劳心者治人,劳力者治于人;治于人者食人,治人者食于人"的所谓"天下之通义",认为劳心者对劳力者的统治和剥削是合理的现象,这大力支持了中国二千年封建统治的黑暗势力。还有,他用"出幽谷,迁乔木"的譬喻,说明学术思想应该前进,不应该倒退,这是对的;但从种族观点出发,歧视比较偏远地区的文化落后现象,则是儒家学说狭隘的成见。

全章组织形式分五点说明:(一)记述陈相和许行的关系;(二)根据生活关系必然的事实,驳斥"君民并耕"的说法;(三)提出分工的原则,颂扬尧、舜的功德;(四)以"用夏变夷"为前提,批评陈相不该背陈良而从许行;(五)归结到对许行的平均主义思想的批判。第三段宣传儒家学说,孟子用较多的素材,分三点说明尧、舜的功德:(甲)消灭洪水灾害;(乙)对人民的养和教;(丙)总结尧、舜功德的伟大——"为天下得人"。在第一段里,仅仅"负耒耜"三字暗示着应当说明而不必用正面文字点出的两种情况:(甲)陈相和"捆屦织席"的许行容易接近;(乙)"悦周公仲尼之道"的陈良之门的学风,并不像"仲尼之门"那样排斥"老农"、"老圃"(见《论语·子路》篇)。因此,"陈相见许行而大悦"就不是偶然的了。在第二段中,用犀利的词锋,一问一逼地逼出"百工之事固不可耕且为也"一句,作为斗争胜利的标帜,以结束辩论的初步阶段。到第三段,因为已经获得初步胜利基础,斗争情势比较和缓了,于是就趁势宣传自己的主张,尽量丰富其内容以加强宣传的力量;因而文气是从容不迫的,但也必须加以适当的节奏,逐处点缀"分工"的主旨,以避免文字的平直、松散、呆滞的偏向。——例如:"虽欲耕得乎"、"而暇耕乎"、"岂无所用其心哉"等句正起着这种作用,用反问的语气,更显得有力。"放勋曰劳之来之"紧接上面文字和"尧独忧之"句相应,说明尧既然"举舜敷治",舜又分配了"益"、"禹"、"后稷"、"契"的任务,而尧仍然经常关心着人民的疾苦和教育的事,再垫一句"圣人之忧民如此,而暇耕乎"显得结构更为紧凑。"三年之外"和"独居三年"等句与"师死而遂倍之"句相对,"相率而为伪者也"句与"国中无伪"句相对。"巨屦小屦同贾,人岂为之哉?"句,举"屦"为例,以概括"布帛"、"麻缕"、"丝絮"、"五谷"等等。

公孙衍张仪章

景春曰[1]:"公孙衍、张仪,岂不诚大丈夫哉[2]!一怒而诸侯惧[3],安居而天下熄[4]。"

孟子曰:"是焉得为大丈夫乎[5]!子未学礼乎?丈夫之冠也,父命之[6];女子之嫁也,母命之,往送之门,戒之曰[7]:'往之女家,必敬必戒,无违夫子!'[8]以顺为正者,妾妇之道也[9]。

"居天下之广居,立天下之正位,行天下之大道[10]。得志与民由之,不得志独行其道[11]。富贵不能淫,贫贱不能移,威武不能屈[12]:此之谓大丈夫。"

注释

〔1〕 景春:事无考,据赵岐注,他是当时的纵横家。按:九流中有纵横家,他们游说诸侯,纵横捭阖,挑拨离间,反复无常,总之以个人的名位和权利为奋斗目标。但他们的言论行动却与当时各国的政治、军事乃至整个战国形势的发展有着重大的关系。

〔2〕 公孙衍、张仪:都是魏国人,都先后为秦国的宰相。张仪名更大,事迹

更多,《史记》中有他的列传,《汉书·艺文志》里举出他所著的书。公孙衍又号"犀首",他的传记附在张仪列传后。诚:真是。大丈夫:年过二十的男子被认为应有一定的能力,能自成立,被称为"丈夫"("丈"有"大"的意义,区别于童子,"丈夫"犹言长大了的人),"大丈夫"是"丈夫"中的出色人物。

〔3〕"一怒"句:他们一不满意于某国国君,就运用他们的纵横之术,挑拨战争,谋不利于某国。

〔4〕熄:同"息"。他们不活动,则天下平息无事。

〔5〕焉:何。

〔6〕冠:男子成人后戴的帽子。这里用作动词,开始戴上成人的帽子的意思。古代"士"阶层的男子,年到二十,要举行冠礼。命之:主持典礼,给予训词。

〔7〕门:母家的大门。"之冠"、"之嫁"的"之":的。"命之"、"戒之"的"之":他或她。"之门"、"之女家"的"之":于。

〔8〕女:读与"汝"同。往之女家:去到你家(女子以夫家为家)。敬:礼貌恭敬。戒:做事谨慎,和上文作为动词用的叮咛告诫的"戒之"意义稍有不同。夫子:是男子被尊重的称谓(古代弟子对师,下级对长官,都称"夫子"),这里特指女子自己的丈夫。无违:即下句"以顺为正"的意思。

〔9〕妾妇:"妾"是女子的贱称,对妻来说,妾是"非正室"的名称;"妇"也是以"屈服"为义,统言"妾妇",意味着女子的绝对服从(这是封建时代尤其是儒家轻视女子的恶习)。

〔10〕广居:大丈夫志在天下,以天下为自己所住的家园,故曰"广居"。位:岗位的意思,以天下事业为自己的岗位,故曰"正位"。大道:所行所为都是走着有关天下人福利的道路,故曰"大道"。

〔11〕"得志"二句:如能开展自己的抱负,就和天下人民一道来共同实行自己的抱负;如果不能实现自己的愿望,就坚持意志,独行自己认为正当的道路。由:实行。

〔12〕淫:乱。移:变。屈:挫抑。富贵不能乱其心,贫贱不能变其节,威武不能挫其志。

章解

　　"大丈夫"的特点是志在天下,守道不屈;公孙衍、张仪等纵横家的特点是志在个人,以顺为正。"以顺为正"即孟子所谓"长君之恶"、"逢(迎合)君之恶"(本书《告子》下篇"五霸者三王之罪人也"章)。孟子斥责公孙衍、张仪等,为了争取个人的功名富贵,运用权诈,制造矛盾,只图迎合、揣摩、承顺国君争地、争城、损人利己的意旨,而不去纠正国君好战乐祸、不行仁政的错误,因而骚动天下、残害人民,这是和"大丈夫"的作风绝对相反的。景春以能使诸侯惧怕为大丈夫的本领,孟子的意思则以"居天下之广居","得志与民由之"为大丈夫的本领,这是两个不同的观点。

后车数十乘章

彭更问曰^[1]:"后车数十乘^[2],从者数百人^[3],以传食于诸侯^[4],不以泰乎?"^[5]

孟子曰:"非其道,则一箪食不可受于人^[6];如其道,则舜受尧之天下,不以为泰。子以为泰乎?"

曰:"否,士无事而食,不可也。"

曰:"子不通功易事,以羡补不足^[7],则农有馀粟,女有馀布;子如通之,则梓、匠、轮、舆皆得食于子^[8]。于此有人焉——入则孝,出则悌^[9],守先王之道,以待后之学者^[10]——而不得食于子;子何尊梓、匠、轮、舆,而轻为仁义者哉?"^[11]

曰:"梓、匠、轮、舆,其志将以求食也;君子之为道也,其志亦将以求食与?"^[12]

曰:"子何以其志为哉!其有功于子,可食而食之矣。且子食志乎?食功乎?"^[13]

曰:"食志。"

曰:"有人于此——毁瓦画墁^[14],其志将以求食也,则子食之乎?"

曰：".否。"

曰：".然则子非食志也，食功也。"

注释

〔1〕 彭更：孟子弟子。

〔2〕 后车：以随从人员的身份乘坐的跟在尊贵人后面的车子。数十乘(shèng)：数十辆。

〔3〕 从者：随从人员。

〔4〕 传(zhuàn)：宾馆。传食：住在宾馆里接受饮食招待。

〔5〕 以：同"已"，甚，太。泰：过分。

〔6〕 非其道：不合理。箪食(shí)：用竹器装着的食物。

〔7〕 通功易事：流通事业的功用，交换劳动的成果，即"分工合作"。羡：有馀。

〔8〕 梓：制造木器的工人。匠：木匠。轮：制造车轮的工人。舆：制造车子的工人（"舆"就是车子，但若与车子各部分对待起来说，"舆"指车子的主要部分——车床）。食于子：从你那里得到食。

〔9〕 "入则"二句：在家则孝顺父母，出外则尊敬长上。

〔10〕 待：这里是"持"的意义，即"扶持"，意味着帮助和培养。

〔11〕 仁义：包括"孝悌"和"先王之道"。

〔12〕 与：疑问助词。

〔13〕 "其有功"二句：你给予饮食，是因为受食的对象有求食的"志"呢？还是因他有应该取得饮食报酬的"功"呢？

〔14〕 毁瓦：打碎瓦片。画墁：用锥、刀刻划新泥涂的墙壁。"毁瓦"、"画墁"都是无益的游戏。

章解

此章辩论"士"应该不应该"食于诸侯"的问题。问题的关键是：

"食志"呢？还是"食功"？假定"食功"是合理的话，那末，对接受"食"的"士"来说，以无功于人甚或有害于人的事而得"食"，孟子叫做"非其道"；虽无求食的"志"而确有功于人，因而接受人所给予的"食"，孟子叫做"如其道"。孟子是主张"食功"的（不强调主观愿望而重视客观效果）。彭更认为"士"既没有志在求"食"的"事"，就不应该以志不在求食的"道"来得"食"（他狭义地解释"事"为志在求食的"职业"，他认为"道"即孟子所指为"仁义"的那个东西不是"事"）；就是说，要对象有求食的"志"，才给予"食"。那末，彭更是主张"食志"的。（"食志"只会产生培养懒汉和奖励罪恶的后果。）彭更对"舜受尧之天下"，没有理解到其中包括着接受天下所给予的生活待遇，认为舜是接受尧所付托的天下事业，而不是接受生活待遇；因而否认孟子的举例，仍然提出"士"没有志在求食的"事"就不可以得"食"的主张。这由于彭更把个人生活和社会公共事业隔离开来看问题的缘故。孟子认为：个人生活和社会公共事业是分不开的。人类生活的根据是互相帮助、分工合作，即"通功易事"的原则；有求食的志而无应该得食的功，是不应该接受生活待遇的；百工职业（即彭更所谓志在求食的"事"）都是具有社会性的有功用的活动，百工以此求食也就以此得食，而能够得食的原因还是以其"功"而不是以其"志"；"仁义"虽然不是职业，却不是离开事物而局限在个人身上的空洞概念，要表现在对众人有利的事物上的；那末，真正为"仁义"的"士"，虽然不以此求食，却应该以此得食——"士"在"食功"的原则上，是可以"食于诸侯"的。但彭更又把"以此求食"和"以此得食"混同起来，认为以"仁义"得食是和"梓、匠、轮、舆"一样地贩卖"仁义"，非"君子"所为。（那末，君子如果需要接受生活待遇，就必须兼带一个完全没有"仁义"成分的专为求食的所谓"事"；而梓、匠、轮、舆之所为也绝不含有一点儿"仁义"成分么？这些问题不在本章辩论范围之内。）孟子于驳斥了彭更强调"以此求食"的主观愿望,抹杀"以此得食"的客观效果的不合理之后,根究出他那"食志"的错误观点,于是举出极浅近的例子,用尖锐的反诘,打通他的思想,然后双方的意见才统一于"食功"的结论。

宋小国也章

万章问曰:"宋小国也,今将行王政;齐楚恶而伐之[1],则如之何?"

孟子曰:"汤居亳,与葛为邻[2]。葛伯放而不祀[3],汤使人问之,曰:'何为不祀?'曰:'无以供牺牲也[4]。'汤使遗之牛羊[5]。葛伯食之,又不以祀。汤又使人问之,曰:'何为不祀?'曰:'无以供粢盛也[6]。'汤使亳众往为之耕,老弱馈食[7]。葛伯率其民,要其有酒食黍稻者夺之[8],不授者杀之。有童子以黍肉饷[9],杀而夺之。《书》曰:'葛伯仇饷。'此之谓也[10]。为其杀是童子而征之,四海之内,皆曰:'非富天下也,为匹夫匹妇复仇也[11]。'汤始征,自葛载,十一征而无敌于天下;东面而征西夷怨,南面而征北狄怨,曰:'奚为后我?'民之望之,若大旱之望雨也;归市者弗止,芸者不变。诛其君,吊其民,如时雨降,民大悦。《书》曰:'徯我后,后来其无罚!'[12]

"'有攸不惟臣东征,绥厥士女;匪厥玄黄,绍我周王见休,惟臣附于大邑周[13]。'其君子实玄黄于匪,以迎其君子;其小人箪食壶浆,以迎其小人[14]。救民于水火之中,取其残而已

矣〔15〕。《大誓》曰:'我武惟扬,侵于之疆,则取于残,杀伐用张,于汤有光。'〔16〕

"不行王政云尔〔17〕;苟行王政,四海之内,皆举首而望之,欲以为君。齐楚虽大,何畏焉!"

注释

〔1〕 万章:孟子弟子。宋都在今河南商丘,齐在宋东,楚在宋南。恶(wù):不喜欢。

〔2〕 亳(bó):在今河南商丘境内。葛:在今河南宁陵境内。

〔3〕 "葛伯"句:葛国的君,放纵无道,不祭祀祖先。

〔4〕 牺牲:用以供祭祀的牛、羊、豕。

〔5〕 遗:赠送。

〔6〕 粢(zī)盛:黍稷曰"粢",黍稷盛在器内曰"粢盛"。

〔7〕 馈(kuì)食:送食物。

〔8〕 要(yāo):中途拦截。

〔9〕 饷(xiǎng):送食。

〔10〕《书》曰三句:所引的《书》是《尚书》的佚篇,但《伪古文尚书·仲虺之诰》篇亦有此文句。葛伯杀饷者,是对饷者表示凶暴的仇恨,故曰"葛伯仇饷"。

〔11〕"为其"和"为匹夫"的"为(wèi)":因为,替。四海之内:根据《尔雅》,包括东、南、西、北边远地区的"夷"、"狄"、"戎"、"蛮",叫做"四海"。"四海之内"犹古言"天下",这里指天下之人。非富天下:不是把天下当作财富来侵略别国的土地。匹夫匹妇:一个男的或一个女的,指人民而言。这就是说,为人民报仇。

〔12〕"汤始征"十七句:此段文句又见"齐人伐燕取之"章,"汤始征"彼章作"汤一征",上有"《书》曰"二字,可以证明此段亦是孟子根据《尚书》佚篇加以说明。注释见"齐人伐燕取之"章。载:始。芸:除草。无罚:犹言"不受罪了"。

〔13〕"有攸"五句:不像《孟子》书的文句,应依从赵岐注说是《尚书》佚篇之

97

文（朱熹则以为是孟子约《周书·武成》篇之文），描绘的是周武王伐纣东征时东方各国统治者和被统治者降服于周。根据孟子的说明和赵岐的解释："有攸……士女"说"小人"的"臣附"，"匪厥……大邑周"说"君子"的"臣附"。攸：所。有攸：有所趋向。不：同"丕"，作句中助词用，无义。惟：念，愿。绥：安。厥：其。士女：犹言"男女"。"小人"的思想有所趋向，切愿降服于旨在安抚天下男女的东征者。匪：竹筐。此作动词用。玄、黄：指青黑色和黄色的绸子。绍：介绍。周王：指周武王。休：美善，光辉。大邑：大国。"君子"把作为礼物的绸子装在竹筐里，表示请介绍进见于我的"周王"，望见他的光辉，切愿降服于大周国。

〔14〕实：装满。箪食、壶浆：作为慰劳品，用竹器盛着的食物和用壶盛着的酒浆。

〔15〕"救民"二句：此言武王所为在于救民于水火之中，去掉残害人民的人而已。取：去除。残：指残民之人。

〔16〕《大(tài)誓》：古《尚书》篇名，今已佚亡。《伪古文尚书·泰誓》中篇亦有与此五句相类似之文。我：指周武王。武：威武。惟：助词，无义。扬：伸张。之：其。其疆：指殷纣的疆土。取于残：对于残害人民的人（指纣），把他去掉。用：犹"以"，以大杀伐之功。这比于殷汤伐桀更有光荣，因为人民"箪食壶浆"来欢迎的缘故。

〔17〕"不行"句：只是不肯行王政而已。

章解

此章说明"王政"就是同情人民疾苦，替人民做好事；也就能受到天下人的拥戴，还怕什么大国来侵略呢？孟子特举出"为匹夫匹妇复仇"的殷汤和"救民于水火"的周武王怎样受到天下拥戴的实例，以打破宋国要行"王政"又怕齐楚来侵略的顾虑。章末数语，正是针对万章所问，作了总结性的答复。

孟子谓戴不胜章

孟子谓戴不胜曰:"子欲子之王之善与?[1]我明告子:有楚大夫于此,欲其子之齐语也,则使齐人傅诸?使楚人傅诸?"[2]

曰:"使齐人傅之。"

曰:"一齐人傅之,众楚人咻之,虽日挞而求其齐也[3],不可得矣。引而置之庄岳之间数年[4],虽日挞而求其楚,亦不可得矣。子谓薛居州,善士也,使之居于王所。在于王所者——长、幼、卑、尊——皆薛居州也[5],王谁与为不善?在王所者——长、幼、卑、尊——皆非薛居州也,王谁与为善?一薛居州,独如宋王何!"[6]

注释

〔1〕戴不胜:宋国大夫。与:疑问助词。

〔2〕齐语:说齐国话。傅:师傅。此作动词用,即"教"。诸:之。

〔3〕咻(xiū):喧哗,嘈杂。日:日日,经常。挞:同"打",责罚。求其齐:要求他学会齐国话。

〔4〕引:引导。庄岳:齐国一个繁盛街道的名称。

〔5〕"在于"句:在宋王左右的长者、幼者、卑者、尊者都和"薛居州"一样是善士。

〔6〕"一薛居州"二句:仅只一个"薛居州",怎能把宋王奈得何!

章解

孟子希望戴不胜多引荐贤士以辅导宋王,才能达到"欲王之善"的目的。因此,他说明客观环境的教育意义,尽量改善被教育者的环境以适应教育的要求,才能产生一定的效果。

不见诸侯何义章

公孙丑问曰:"不见诸侯,何义?"[1]

孟子曰:"古者,不为臣不见[2]。段干木逾垣而辟之[3],泄柳闭门而不内[4],是皆已甚;迫,斯可以见矣[5]。阳货欲见孔子,而恶无礼[6]。大夫有赐于士,不得受于其家,则往拜其门[7]。阳货瞰孔子之亡也,而馈孔子蒸豚[8];孔子亦瞰其亡也,而往拜之。当是时,阳货先,岂得不见[9]?

"曾子曰:'胁肩谄笑,病于夏畦。'[10]子路曰:'未同而言,观其色赧赧然,非由之所知也。'[11]由是观之,则君子之所养可知已矣。"[12]

注释

〔1〕何义:什么意义。

〔2〕"不为臣"句:不为诸侯的"臣",就不主动去见他。

〔3〕段干木:姓段干,名木,晋国人,立志清高,决心不做官。魏文侯(魏惠王的祖父)去见他,他翻墙躲避不见。垣:墙。辟:避。

〔4〕泄柳:鲁国人。鲁穆公(与魏文侯同时)去见他,他闭门不见。内

（nà）：同"纳"，容纳。

〔5〕已甚：太过分。迫：迫切。

〔6〕阳货：鲁国大夫。此"见"是召见的意思。恶（wù）：嫌。阳货想召见孔子，又嫌召见怕会招致对人不礼貌的批评。

〔7〕"大夫"三句：按那时的规矩：大夫对士有所赐予（上对下，尊者对卑者给予东西叫做"赐"），如果士外出，不得在家亲自接受的话，那末，士就得往大夫那里拜谢。

〔8〕瞰（kàn）：窥探，侦察。亡：不在，谓不在家。馈（kuì）：赠送食物。蒸豚：蒸熟的小猪。

〔9〕阳货先：谓阳货先来见。

〔10〕曾子：名参，孔子弟子。胁肩：缩拢肩头，作低头曲躬的样儿表示恭敬。谄笑：谄媚地勉强地笑。病：难受。畦（qí）：小块的田园。夏畦：谓夏天在田园里劳动，极为辛苦。这是说，"胁肩谄笑"那种虚伪、谄媚的做作，在正直的人看来，比夏天冒着日头在田园劳苦还更难受。

〔11〕子路：姓仲，名由，孔子弟子。赧赧（nǎn）然：因羞惭而脸红的样儿。对志趣不合、不可与言的对象，谄媚地勉强和他攀谈，表现出言不由衷、面红耳赤的样儿，这样的人是我所不能理解的。（子路是个正直的人，意思说，那样的假面孔怎样做得出来啊！）

〔12〕养：修养。君子的修养，由此可想而知。

章解

本章围绕"不为臣不见"阐述自己为政的观点。小人为利出仕，而君子是和曾子、子路所批评的人相反，不去谄媚那志趣不合的人——这说明"不为臣不见"的意义。"不为臣不见"的意思是不主动去见；除非诸侯表示虚心请教的诚意（不是志趣不合），先来求见，才可以相见，否则往见就是谄媚。

什一去关市之征章

戴盈之曰[1]:"什一,去关市之征[2],今兹未能;请轻之[3],以待来年,然后已[4]。何如?"

孟子曰:"今有人日攘其邻之鸡者[5],或告之曰:'是非君子之道。'曰:'请损之[6],月攘一鸡,以待来年然后已。'如知其非义,斯速已矣[7],何待来年!"

注释

〔1〕 戴盈之:宋国大夫。

〔2〕 "什一"二句:恢复古代十分取一的税法,废去当时对关市的征税。

〔3〕 今兹:今年。轻之:把关市的征税减轻一点。

〔4〕 已:停止,完全废除。

〔5〕 日:每日。攘:非己所有而取之。

〔6〕 损:减损。

〔7〕 斯速已矣:就即速停止。

章解

　　此章说明采取勇决地及时地改正错误的态度,才是真诚的改过者。"月攘一鸡"恰好是对那些知过不改的人的辛辣的讽刺。

外人皆称夫子好辩章

公都子曰:"外人皆称夫子好辩,敢问何也?"[1]

孟子曰:"予岂好辩哉?予不得已也。天下之生久矣,一治一乱[2]。

"当尧之时,水逆行,泛滥于中国;蛇龙居之,民无所定,下者为巢,上者为营窟[3]。《书》曰:'洚水警余[4]。'——洚水者,洪水也。使禹治之。禹掘地而注之海,驱龙蛇而放之菹[5];水由地中行,江、淮、河、汉是也。险阻既远[6],鸟兽之害人者消,然后人得平土而居之。

"尧舜既没,圣人之道衰。暴君代作,坏宫室以为污池[7],民无所安息;弃田以为园囿[8],使民不得衣食;邪说暴行又作[9],园囿、污池、沛泽多,而禽兽至[10]。及纣之身,天下又大乱。周公相武王,诛纣伐奄,三年讨其君,驱飞廉于海隅而戮之[11],灭国者五十,驱虎、豹、犀、象而远之[12],天下大悦。《书》曰:'丕显哉!文王谟;丕承哉!武王烈;佑启我后人,咸以正无缺。'[13]

"世衰道微,邪说暴行有作[14],臣弑其君者有之,子弑其父者有之。孔子惧,作《春秋》。《春秋》,天子之事也[15]。是故孔子曰:'知我者,其惟《春秋》乎!罪我者,其惟《春秋》乎!'[16]

"圣王不作,诸侯放恣,处士横议[17]。杨朱、墨翟之言盈天下,天下之言不归杨,则归墨[18]。杨氏为我,是无君也;墨氏兼爱,是无父也:无父无君,是禽兽也[19]。公明仪曰:'庖有肥肉,厩有肥马;民有饥色,野有饿莩:此率兽而食人也。'[20]杨、墨之道不息,孔子之道不著,是邪说诬民,充塞仁义也[21]。仁义充塞,则率兽食人,人将相食[22]。吾为此惧,闲先圣之道,距杨、墨,放淫辞,邪说者不得作[23]。作于其心,害于其事;作于其事,害于其政。圣人复起,不易吾言矣[24]。

"昔者,禹抑洪水,而天下平;周公兼夷狄,驱猛兽,而百姓宁;孔子成《春秋》,而乱臣贼子惧[25]。《诗》云:'戎狄是膺,荆舒是惩,则莫我敢承。'[26]无父无君,是周公所膺也。我亦欲正人心,息邪说,距诐行,放淫辞,以承三圣者[27]。岂好辩哉?予不得已也。能言距杨、墨者,圣人之徒也。"

注释

〔1〕公都子:孟子弟子。他问孟子为什么喜欢和别人争辩。

〔2〕生:谓自有人类的产生。天下自有人类以来,经过很长久的年代了,总是"一治一乱"的。

〔3〕"民无"三句:人民避水患,没有定居:处在地势卑下的,就在树上像鸟那样筑巢居住;处在高原的,就相连筑为窟穴。

〔4〕《书》曰:此处和下文所引的《书》都是《尚书》的佚篇,今不可考。洚:音(jiàng)。警:警告。余:尧自称。

〔5〕菹:水草汇集的地区。

〔6〕险阻:指岩穴,人民从高岩下迁到平土,远离了岩穴。

〔7〕 暴君代作:更代而起,不止一个暴君。宫、室:同义,指民居。污:与"池"同义。

〔8〕 园囿:"园"以种植树木,"囿"以养育禽兽,都是君主游乐的地方。

〔9〕 "邪说"句:人民生活恐慌,因而虚伪巧诈的言语和争夺暴乱的行为又表现出来了。

〔10〕 沛、泽:同义,都是水、草汇集的地区。园囿、污池、沛泽多,因而把大批禽兽集中起来了。

〔11〕 相(xiàng)武王:为武王的宰相。奄:国名,在淮北,附殷,不降周。其君:指殷纣。飞廉:纣臣名。纣诛、伐奄、驱飞廉都是三年内的事。

〔12〕 "驱虎"句:武王克殷后,大举狩猎,除擒获的禽兽外,把虎、豹、犀、象等野兽都赶到远方去了。

〔13〕 "《书》曰"七句:所引的《书》是《尚书》的佚篇,但《伪古文尚书·君牙》篇也采录了此文。丕:语首助词,表发声,无义。显:谓显明"王道"。谟:谋略。承:谓继承和发展文王的谋略。烈:功绩。佑:帮助。启:启发。咸以正无缺:皆遵行王道,没有亏缺。

〔14〕 世衰道微:时代向后开倒车,王道微弱不振。这个时代即汉司马谈所指的"幽厉之后"(周幽王、厉王之后)(见《史记·太史公自序》)。这里的"邪说暴行"和上文不同,是指统治阶级内部而言;"暴行"突出的例子如"臣弑君、子弑父"。"有作"的"有":读为"又"。

〔15〕 惧:和上文"泽水警余"的"警"同义。作《春秋》:孔子因"世衰道微"已经到了"臣弑君"、"子弑父"这步田地而发生警惧,为纠正"邪说暴行",维持"王道"而作《春秋》。天子之事:《春秋》本是各国史记的通称;孔子以鲁国的《春秋》为蓝本,加以整理,在文字上表现着对天子、诸侯、大夫褒善、贬恶的宗旨和恢复礼乐、振兴王道的意愿。但在封建统治阶级看来,这些事情是属于"天子"权限内的。

〔16〕 "是故"五句:孔子的意思:了解我的苦心的人,可能从《春秋》看出我为了救世要阐明是非,纠正邪恶;怪我的人,也可能从《春秋》来批评我不应该代行"天子之事"。

107

〔17〕 处士:没有做官、处在家里的"士"。横(hèng):不顺。横议:放言高论,高谈阔论。在孟子看来,这些谈论是不顺乎儒家所谓"圣王之道"的。

〔18〕 杨朱、墨翟:都在孟子以前,年代不可确考,大约在春秋末期或战国初期。杨朱主张"为我"、"贵生"(重视自己的生命)。墨翟是"墨家"的首倡者,主张人要"兼相爱、交相利"、"节用"、"苦身劳形以利天下"等;反对战争,反对儒家的礼乐等等。孟子说:"杨子取为我('取'是采取的意思,只采取为自己打算的意义为他的学说的中心思想),拔一毛而利天下不为也;墨子兼爱,摩顶放踵利天下为之。('摩'是磨光了的意思,'放'作'至'字解,从头顶至足跟,毛发都磨光了,这说明勤劳刻苦的状况。)"(《尽心》上篇)

〔19〕 "杨氏"六句:孟子认为:"为我"就不为统治阶级服务,就是"无君";"兼爱"是"爱无差等"(爱父母和爱外人没有亲疏厚薄的区别),就是"无父";无父、无君破坏忠孝和仁义,不合人道,就是禽兽。

〔20〕 公明仪:鲁人,曾参的弟子。这五句解释在"寡人愿安承教"章。

〔21〕 诬:欺惑。充塞仁义:阻塞仁义的道路。

〔22〕 "仁义"三句:孟子的意思:作为封建道德的仁义,是维持封建秩序的基本条件,如果被邪说阻塞而遭到破坏,则道德沦亡,秩序大乱——始而自己享乐禽兽,贵畜贱人,继而互相残杀,造成一个人吃人的世界。

〔23〕 为(wèi):因为。闲:捍卫。距:同"拒",排拒。放:放逐,流放。意思是使它在中国没有立足之地。淫辞:惑乱人心、泛滥无根的言论。作:起作用。

〔24〕 "作于"六句:邪说作用于人们的思想,就会毒害于行为;邪说作用于人们的行为,就会毒害于政治。——圣人再生,也不能变更我这个说法。

〔25〕 抑:按下。抑洪水:把洪水导向下行,消灭了灾害。兼:兼并。兼夷狄:指上文"灭国者五十"事。乱臣、贼子:指弑君、弑父的人们。《春秋》贬斥他们的罪恶,使恶名传于后世,因而意图弑君、弑父的人知所恐惧而不敢为。

〔26〕 "戎狄"三句:引自《诗经·鲁颂·閟宫》篇第三章,前二句解释在"有为神农之言者"章。承:承当。则莫我敢承:即"莫敢承当我",没有对于我的打击和制止能够承当得起。就是说,戎狄和荆舒都被摧破了。膺:打击。惩:制止。

〔27〕 诐(bì)行:阴险的行为,即用好听的话来毒害人。承三圣:承继禹、周

公、孔子的业绩。

章解

　　在这章里，表现着孟子为捍卫儒家学说，坚决排斥杨、墨的强烈斗争性。也就是孟子把摇摇欲坠的为氏族制度服务的道统担当起来，来排斥积极地反对这种制度的墨子兼爱之说，和消极地反对这种制度的杨子为我之说。儒和墨都被称为显（权威的）学，互相敌对，势不两立；杨朱为我，不肯为人服务的消极思想，和儒、墨两家的政治热情也正相反对。作为儒家大师的孟子把杨、墨的思想概括为无君、无父，比作乱臣、贼子的思想，认为它们对人类的危害等于洪水、猛兽；因而阐述禹消灭洪水，周公驱逐夷狄、猛兽和孔子贬斥乱臣、贼子的重大意义。他认为没有禹就会没有人类，没有周公就会使中国人变成"夷狄"、"猛兽"，没有孔子就会使人们的思想遭到如同洪水、猛兽那样的危害。他认为杨、墨盛行，又是天下大乱的时候，他不能不把继承孔子业绩的"道统"毅然担当在自己肩头上，他说明排斥杨、墨，具有和禹、周公、孔子所为一样的重大意义。——本章大意如此。"一治一乱"句是全章文字的纲领，"禹抑洪水"以下是全章文义的总结。

陈仲子岂不诚廉士哉章

匡章曰[1]:"陈仲子,岂不诚廉士哉[2]!居于陵[3],三日不食,耳无闻,目无见也;井上有李——螬食实者过半矣[4],匍匐往将食之[5];三咽[6],然后耳有闻,目有见。"

孟子曰:"于齐国之士,吾必以仲子为巨擘焉[7]。虽然,仲子恶能廉[8]!充仲子之操,则蚓而后可者也[9]。夫蚓,上食槁壤,下饮黄泉[10]。仲子所居之室,伯夷之所筑与?抑亦盗跖之所筑与?所食之粟,伯夷之所树与?抑亦盗跖之所树与[11]?是未可知也。"

曰:"是何伤哉[12]?彼身织屦,妻辟垆,以易之也。"[13]

曰:"仲子,齐之世家也[14]——兄戴,盖禄万钟[15]。以兄之禄为不义之禄而不食也,以兄之室为不义之室而不居也;辟兄离母[16],处于於陵。他日归,则有馈其兄生鹅者[17];己频顣曰:'恶用是鶃鶃者为哉!'[18]他日,其母杀是鹅也,与之食之。其兄自外至,曰:'是鶃鶃之肉也!'出而哇之[19]。以母则不食,以妻则食之;以兄之室则弗居,以于陵则居之,是尚为能充其类也乎[20]?若仲子者,蚓而后充其操者也。"

注释

〔1〕 匡章:齐人,为齐国的将军,孟子弟子。

〔2〕 陈仲子:齐人。诚:真是。廉士:不依靠别人而独立生活的知识分子。

〔3〕 於(wū)陵:齐国地名。

〔4〕 李:李果。螬:生长在树上的虫。实:果肉。井坎上有被螬虫食了大半果肉的李果。

〔5〕 匍匐:以手据地,爬着走。将食之:拿它来吃。

〔6〕 三咽:连吞三下,不及细嚼。

〔7〕 巨擘:手的大指。竖起大指,表示了不起。在齐国的知识分子当中,孟子认为仲子要算第一名。

〔8〕 恶(wū):何。

〔9〕 充:贯彻,尽量地表现出来。操:坚持不变的意志。要贯彻仲子的意志,除非做泥土中的蚯蚓。

〔10〕 槁壤:干土壤。黄泉:地中泉水。

〔11〕 伯夷:殷纣时廉士,反对周武王伐纣,不食周粟,饿死于首阳山。盗跖(zhí):春秋时大盗,名跖。与(yú):疑问助词。树:种植。

〔12〕 是何伤:这对他的"廉",有什么妨碍?

〔13〕 身:自己。织屦:编草鞋。辟(pí):有劈开、分析的意义,此谓绩麻。纑:搓成麻线。易:交换。之:指室和粟。

〔14〕 世家:世代为卿大夫的被称为世家。

〔15〕 戴:仲子的兄的名字。盖(gě):齐地名。盖地供给粟谷万钟(注释见"孟子致为臣"章)作为陈戴的俸禄。

〔16〕 辟(bì)兄:躲避哥哥。

〔17〕 他日:另外一天。馈:赠送食物。

〔18〕 己:自己,指陈仲子。频顣(cù):皱着眉头,不高兴的样儿。恶(wū):何。鶂鶂(yì):鹅声。

〔19〕 哇(wā):吐。

111

〔20〕以:作介词用,有"因"或"依"的意义。类:事例。充其类:贯彻自己的意志于一切事例。依靠妻吃饭,不是自食其力;於陵的屋子不是自己建筑的。这样,对生活中的一切事例,能把独立生活的意志贯彻到底吗?

章解

此章说明人们不可能脱离社会而生活,像陈仲子那样不依靠别人而独立生活的所谓"廉士"思想是做不到的,除非充当蚯蚓。陈仲子之所以"辟兄离母,处于於陵"是因为"兄之禄"和"兄之室"是由"不义"而得来的;那末,居于陵时的粟和室是不是真果出于"义人"所创造的呢?这是一个矛盾。据匡章的解释,陈仲子用自己和妻的劳动交换得这些生活资料,仍不失为自食其力。但是,食妻所给的食,居於陵人所筑的室,都依靠了别人的劳动,就不算自食其力,不是真正的"廉士",这仍然是一个矛盾。文字虽然前后错综,但表现矛盾的两个层次仍是很分明的。紧接在"以母则不食"上面的一句——"出而哇之",还突出地表达了另一个带着深刻讽刺的矛盾:其兄未至时,"鹅鹅之肉"确已被含在口中了,果真地"以母则不食"吗?这个矛盾不用特笔点明,让它自然而然地活跃在读者面前,文情显得格外生动。"三日不食"一段活画出一个饥饿人的形象:瞎着眼睛,爬在地上摸摸索索,急忙把一个蛴螬吃了大半的残果放进口里,咽了三下,好像渐渐地耳能听、目能见了。

必须指出,在《尽心》上篇,孟子批评仲子的不食"不义"之食是微不足道的小事情,而其"辟兄离母"、鄙视"盖禄",简直是没有"亲戚(指母和兄)君臣上下"的观念,这却是关系重大。这个意见和荀卿批评仲子不明忠孝大义(《非十二子》篇)与韩非批评仲子无益于国(《外储说》左上篇),同是从维持当时的封建统治秩序的观点出发来反对仲子破坏这种制度的。

再其次,陈仲子作为那时以消极方法反对"不义"——实际上是反对现存制度——而自陷于矛盾的形象看,实在描写得活灵活现。但孟子来描写他,也暴露了他自己站在维持现存制度的立场上,这就是使孟子终于成为封建制度的维护人。

离娄之明章

孟子曰:"离娄之明,公输子之巧,不以规矩,不能成方员[1]。师旷之聪,不以六律,不能正五音[2]。尧舜之道,不以仁政,不能平治天下。今有仁心仁闻,而民不被其泽[3],不可法于后世者,不行先王之道也。故曰:徒善,不足以为政;徒法,不能以自行[4]。《诗》云:'不愆不忘,率由旧章。'[5]遵先王之法而过者,未之有也。圣人既竭目力焉,继之以规矩准绳,以为方员平直,不可胜用也[6];既竭耳力焉,继之以六律正五音,不可胜用也;既竭心思焉,继之以不忍人之政,而仁覆天下矣[7]。故曰:为高必因丘陵,为下必因川泽[8];为政不因先王之道,可谓智乎?

"是以惟仁者宜在高位,不仁而在高位,是播其恶于众也。上无道揆也,下无法守也[9];朝不信道,工不信度[10];君子犯义,小人犯刑[11]:国之所存者幸也[12]。故曰:城郭不完,兵甲不多,非国之灾也;田野不辟[13],货财不聚,非国之害也;上无礼,下无学,贼民兴,丧无日矣[14]。

"《诗》曰:'天之方蹶,无然泄泄!'——泄泄,犹沓沓也[15]。事君无义,进退无礼,言则非先王之道者,犹沓沓也[16]。故曰:责难于君,谓之恭;陈善闭邪,谓之敬;'吾君不能',谓之贼。"[17]

注释

〔1〕 离娄:据说是黄帝时人,视力最强,能在百步之外地"秋毫之末"看得清清楚楚。公输子:春秋末期鲁国人,名般,又称为鲁般。巧:手艺精巧。规:圆规。矩:取直角的工具。员:即"圆"字。

〔2〕 师旷:春秋时晋国的乐师,名旷。聪:听力最强。六律、五音:"律"谓基本音律,分阴阳二部,阳为"律",阴为"吕",合为十二,各有定名。一般说六律,包括六吕言之。用十二种长短不同的竹管,吹出十二种不同的声音作为基本音律,来审定以宫、商、角、徵(zhǐ)、羽为标准的五种音调,这就是以六律正五音。

〔3〕 仁闻(wéng):仁的名誉。泽:恩泽,实际的利益。

〔4〕 徒:但,仅只。法:法则,制度。光有善心而没有正确的法则、制度作为办事的准绳,是不能进行政治的;光有正确的法则、制度而没有善心去好好地贯彻执行,那个法则、制度本身是不能起作用的。

〔5〕 "不愆"二句:这两句诗引自《诗经·大雅·假乐》篇第二章。愆:错误,偏差。忘:遗漏。率由:遵循。旧章:过去行之有效的法则、制度。遵循旧章才不会发生错误和遗漏。

〔6〕 竭:尽。继之:犹今言"加上"。胜:尽,作副词用。圣人已尽了主观方面的目力,还加上客观方面的工具——规、矩、准、绳,因而对于一切方、圆、平、直,这个工具可以运用无穷。

〔7〕 覆:普遍沾被。

〔8〕 因:依靠。为高、为下:作成高、低的形势。二句又见《礼记·礼器》篇。

〔9〕 "上无道"二句:君没有掌握正确的原则来作为适应客观情势的运用,臣民没有根据原则所制定的法度来认真遵守。揆:运用。

〔10〕 "朝不"二句:朝廷否认道德,百工否认法度。

〔11〕 "君子"二句:因为"无道揆",君子所行所为总是不合理的;因为"无法

守",小人所行所为总是不合法的。

〔12〕 所:有"若或"、"假设"的意义。这样的国家若或存在的话,真是侥幸。

〔13〕 辟:开垦。

〔14〕 丧(sàng):灭亡。在上没有礼义,对下没有教化,"犯上作乱"的人都活动起来,那末,这个国家很快就会灭亡。兴:起。无日:谓很快。

〔15〕 "《诗》曰"五句:这两句诗引自《诗经·大雅·板》篇第三章。这篇诗据说是周朝的卿——凡伯为讽刺周厉王而作。天:指"王"。方:将。蹶(guì):动。泄泄(yì):和"沓沓"同义:喊喊喳喳地随声附和的笑语。然泄泄:即"泄泄然"。王将要变动先王的旧章,为臣的莫去随声附和哟!

〔16〕 义:指下文所说"责难"、"陈善"、"闭邪"。礼:这里指能实现自己的正当主张,就亲近于上;否则退处于下,不"枉道求合"。臣不以"义"对待君,又不以"礼"自处,出言便毁谤先王之道——这样阿谀逢迎、随声附和的态度就是"沓沓"。

〔17〕 "责难"六句:鼓励和要求君去做他所难行的事情(对有邪恶思想的君说来,善道就是他所难行的事情),陈说善道,杜绝君的邪恶思想,这才是真正对君的恭、敬;以为"吾君"不能行善道,那是害他,叫做贼。

章解

此章首先说明发挥仁爱思想,把"先王之道"作为规矩准绳来推行政治的道理;其次,就为君的说,若不遵循这个最高原则,就会弄得上下昏乱、统治垮台;再次,就为臣的说,要坚持正义,不可对君败坏"先王之道"的邪恶思想随声附和。本章的意义和"规矩方圆之至也"章,可互相参证。

规矩方员之至也章

孟子曰:"规矩,方员之至也;圣人,人伦之至也[1]。欲为君,尽君道;欲为臣,尽臣道,二者皆法尧舜而已矣。不以舜之所以事尧事君,不敬其君者也;不以尧之所以治民治民,贼其民者也[2]。

"孔子曰:'道二:仁与不仁而已矣。'暴其民,甚则身弑国亡,不甚则身危国削[3];名之曰幽、厉,虽孝子慈孙,百世不能改也[4]。《诗》云:'殷鉴不远,在夏后之世[5]。'此之谓也。"

注释

〔1〕 至:准则。人伦:谓关于人的事理。

〔2〕 "不以尧"二句:不用尧之所以治民的法则来治民,就是对民的不仁爱。

〔3〕 甚、不甚:"甚"和"不甚"都指由于"暴其民"所取得的后果而言,"甚"犹言"重","不甚"犹言"轻"。弑:臣杀君。身弑:本身被杀。削:削弱。

〔4〕 "名之"三句:《逸周书·谥法》解云:"动静(行动和思想)乱常曰幽,杀戮无辜(无罪)曰厉"。幽、厉是恶名,周朝的暴君有幽王和厉王。这样的恶名,就是他们的"孝子慈(爱)孙"传到一百代也是不能改变的。

〔5〕"殷鉴"二句:这两句诗引自《诗经·大雅·荡》篇第八章。鉴:镜子。夏后:夏朝又被称为夏后氏。拿前朝的善恶作自己的镜子,殷朝的借鉴近在夏朝的年代里——指夏桀遭受灭亡的后果。

不仁者可与言哉章

孟子曰:"不仁者可与言哉[1]!安其危而利其菑,乐其所以亡者[2]。不仁而可与言,则何亡国败家之有[3]!

"有孺子歌曰[4]:'沧浪之水清兮,可以濯我缨[5];沧浪之水浊兮,可以濯我足。'孔子曰:'小子听之!清斯濯缨,浊斯濯足矣,自取之也[6]。'夫人必自侮,然后人侮之;家必自毁,然后人毁之;国必自伐,然后人伐之。大甲曰[7]:'天作孽,犹可违;自作孽,不可活。'此之谓也。"[8]

注释

〔1〕 不仁者:不爱人的人。这样的人没有决心行仁政,也就不能接受善言,所以不可与言。

〔2〕 菑:同"灾"。失道者寡助,"亲戚畔之"(解释在"天时不如地利"章)。所以,"不仁者"的处境是危,是灾,是亡;但他反而自以为安,自以为利,自以为进行不仁的勾当是快乐的,所以亡:"亡"的原因即"不仁"。

〔3〕 "不仁"二句:如果"不仁者"能够接受善言,能被说服,那末,天下哪有亡国败家的事!这话意味着对"不仁者"的失望。

〔4〕 孺子:即"童子"。这是一首流传久远、富有教育意义的古代民歌,孔

子从"孺子"口中听到,后来屈原也听到渔父传诵(《楚辞·渔父》篇)。

〔5〕 沧浪:水名。兮:古诗歌中常用的语末助词,无义。濯:洗濯。缨:系帽子的丝绳儿。

〔6〕 小子:孔子召唤一般弟子的称呼。斯:则,犹今言"那末"。自取之:"缨"用于头上,濯缨的水的品质比濯足的水要高贵些。客观运用价值的高下,取决于主观本质的优劣;胜利和败亡的关键,取决于仁与不仁。两条道路的决定在于主观选择,故曰"自取之也"。

〔7〕 大(tài)甲:殷王,汤之孙。以下四句,孟子从哪里引用的,因《尚书》残缺,已不可考,《伪古文尚书·太甲》篇采录了此文。

〔8〕 孽:灾害。违:避免。不可活:自作的灾害,就当自食其果,归于灭亡,不能存活。孟子引此文以证明"自取"的意义,故以"此之谓也"作结。

桀纣之失天下也章

孟子曰:"桀纣之失天下也,失其民也;失其民者,失其心也。得天下有道:得其民,斯得天下矣。得其民有道:得其心,斯得民矣。得其心有道:所欲,与之、聚之;所恶,勿施尔也[1]。民之归仁也,犹水之就下、兽之走圹也[2]。故为渊驱鱼者,獭也[3];为丛驱爵者,鹯也[4];为汤、武驱民者,桀与纣也[5]。今天下之君有好仁者,则诸侯皆为之驱矣;虽欲无王,不可得已[6]。今之欲王者,犹七年之病,求三年之艾也[7];苟为不畜,终身不得[8]。苟不志于仁,终身忧辱,以陷于死亡[9]。《诗》云:'其何能淑,载胥及溺!'此之谓也。"[10]

注释

〔1〕聚:积蓄。勿施:人民的所欲,要给予他们;不但要给予,而且要积蓄而多予之(《尽心》上篇"易其田畴"章说,要积蓄菽粟像水火那样多而易得,以满足人民生活的需要)。勿施:人民的所恶,不要施行。尔:如此。得民心之道,如此而已。

〔2〕"民之"二句:人民向着具有仁德的国君和能行仁政的国度归往,其势像流水往下行那样地自然,像走兽在广大空阔的郊野奔跑那样地自由自在。圹:

郊野。

〔3〕 为(wèi):替,给。这三句的"为"和下文"为之"的"为"同。渊:水深处。驱:驱赶。獭(tǎ):兽名,能在水中捕鱼。鱼避獭害,都走往渊里。

〔4〕 丛:树林密集处。爵:同"雀"。鹯(zhān):食雀子的鸟。雀避鹯害,都飞往林丛。

〔5〕 汤武:殷汤和周武王,仁者。桀与纣:夏桀和殷纣,不仁者。人民避桀、纣虐政,都归往汤、武。

〔6〕 无王:不为天下之王。

〔7〕 三年之艾:艾为灸术所必需,愈是陈年的,疗效愈大,必须蓄积三年。

〔8〕 "苟为"二句:艾虽然要蓄积三年,但只要蓄积,治七年之病还是来得及的;如果嫌迟缓,不蓄积,那就终身得不到。

〔9〕 "苟不志"二句:若不坚定意志,积蓄仁恩,那就会受到人民反对,终其身忧愁耻辱,自陷于死亡。

〔10〕 "其何"二句:这两句诗引自《诗经·大雅·桑柔》篇第五章。淑:善。载:诗歌中用于句首或句中的助词。胥:相。及溺:比喻灭亡。诗意刺周厉王时君臣为虐:你们怎能善后呀!你们只有相率灭亡啊!此:指上文"不志于仁"的人们。

求也为季氏宰章

孟子曰:"求也为季氏宰,无能改于其德,而赋粟倍他日[1]。孔子曰:'求非我徒也,小子鸣鼓而攻之可也!'[2]由此观之:君不行仁政而富之,皆弃于孔子者也,况于为之强战[3]!争地以战,杀人盈野[4];争城以战,杀人盈城:此所谓率土地而食人肉[5],罪不容于死。故善战者服上刑[6],连诸侯者次之[7],辟草莱、任土地者次之。"[8]

注释

〔1〕 求:冉求,孔子弟子。季氏:春秋时鲁国贵族之一,世代为卿。宰:家臣。春秋时,诸侯的卿、大夫拥有大量土地作为他所食的"禄",不但在经济上而且在政治上对这些土地享有完全的统治权。家臣即是替他家对这些土地上的人民执行统治权的臣僚。赋粟:征收粮谷。他日:另一个时期,此指过去。冉求呢,为季氏家臣的时候,对于季氏的行为不能有所纠正,而为季氏剥削人民则比过去加倍。

〔2〕 徒:徒弟。小子:孔子召唤一般弟子的称呼。鸣鼓:鸣鼓所以警众,宣布罪状,发动群众,一致向他攻击。孔子此言又见《论语·先进》篇。

〔3〕 富:作动词用。君不行仁政,而臣替他搜括财富,都是应该被孔子所抛

弃的,何况替他进行强暴战争! 这就是说,在不仁的基础上讲求富国强兵,只是增加罪恶。

〔4〕 盈:满。

〔5〕 "此所谓"句:此与"寡人愿安承教"章"率兽而食人"句法一样。禽兽是养人的东西,土地也是养人的东西。本书《梁惠王》下篇云:"君子不以其所以养人者害人。"为了养人的东西而进行害人的勾当,是最残忍的。率:与用、由、导的意义相通,由于(或"导源于")养禽兽、争土地以致杀害人民,就叫做率兽、率土地而食人。

〔6〕 善:有"能"和"多"的意义。善战:犹言"能征惯战"。服:受用。上刑:重刑,即死刑。

〔7〕 连诸侯者:纵横捭阖,联甲排乙的策士。

〔8〕 莱:荒草。辟草莱:除去草莱,开垦荒地。任:利用。

章解

孟子一贯反对当时诸侯富国强兵的政策,尤其是对战争表示深恶痛绝。他揭示战争的残酷性,把"善战者"列为首恶(例如孙膑、吴起等);次则"连诸侯"的纵横家(例如苏秦、张仪、公孙衍等),应对战争负责;再次,"辟草莱,任土地"的法家(例如尽地力的李悝、开阡陌的商鞅等),虽然政策是开发富源,却也为战争创造了条件。这章和《告子》下篇"今之事君者"章(见后)的意义是一致的。就是说,在不行仁政的基础上的"富国强兵",是助桀为虐。

君之视臣如手足章

孟子告齐宣王曰:"君之视臣如手足,则臣视君如腹心;君之视臣如犬马,则臣视君如国人[1];君之视臣如土芥,则臣视君如寇仇。"[2]

王曰:"礼:为旧君有服[3]。何如斯可为服矣?"

曰:"谏行言听,膏泽下于民[4];有故而去,则君使人导之出疆,又先于其所往[5];去三年不反,然后收其田里[6]:此之谓三有礼焉。如此则为之服矣。今也为臣[7],谏则不行,言则不听,膏泽不下于民;有故而去,则君搏执之,又极之于其所往[8];去之日,遂收其田里:此之谓寇仇。寇仇何服之有[9]!"

注释

〔1〕视:对待。如犬马:谓光被养活着,不被信任,不与君共治国事。国人:国中一般不相识的人。

〔2〕芥:小草。土芥:比喻值不得爱惜、可以任意践踏的东西。寇:强盗。

〔3〕为(wèi):替。有服:已去职的臣,当旧君死了,替他穿孝服,表示哀悼。

〔4〕"谏行"二句:臣所谏,君照办;臣所言,君听从;恩泽下达于人民。

〔5〕先:先容,介绍。臣因事故离开本国,君使人护送出国境,又向他所往

的国介绍他的好处。

〔6〕"去三年"句:臣去了三年不回来,才把原来给他的田土和里居(住宅)收回来。

〔7〕今也为臣:在现在,作为一个臣的情况。

〔8〕搏:此用本义,入人家宅搜索人口的意思。执:是抓住的意思。之:虽是指离去的"臣",但不是把离去的"臣"抓起来,而是对他施行进入家宅、搜捕人口的手段。极:困穷,断绝生路。"臣"离本国,"君"就派人到他家搜索,把他的家属抓起来;又向他所往的国里去毁谤他,断送他的前途。

〔9〕"寇仇"句:对寇仇,哪有为他服丧的道理!

章解

　　此章从"民为贵,君为轻"(《尽心》下篇)的观点出发,对君臣关系作了明白而大胆的解释,阐明君臣之间的所谓"义"是相对的,是以"谏行言听,膏泽下于民"相结合的。这样严正的态度比起一般臣对君的一味恭顺,显得孟子的所谓"大丈夫"的气概("公孙衍张仪"章)——尤其是他当面对齐宣王直言。前段,概括说一般的相对关系;后段,具体地着重说"土芥"与"寇仇"。

仲尼亟称于水章

徐子曰:"仲尼亟称于水曰[1]:'水哉!水哉!'何取于水也?"

孟子曰:"原泉混混,不舍昼夜,盈科而后进,放乎四海[2]。有本者如是,是之取尔[3]。苟为无本,七八月之间雨集,沟浍皆盈,其涸也,可立而待也[4]。故声闻过情[5],君子耻之。"

注释

〔1〕 徐子:名辟,孟子弟子。亟(qì)称于水:对于水不止一次地称赞。

〔2〕 原泉:从地下流出的有本源的水。原:同"源"。混混:形势壮盛地滚滚长流。不舍昼夜:夜以继日地不放弃一点儿时间。盈:满。科:空处。放:奔放,到达。

〔3〕 是之取尔:这样的才被"取"。尔:表示决定的语气。

〔4〕 浍(kuài):大沟。涸(hé):水干了。可立而待:很快的意思。

〔5〕 声闻:名声。情:实。

章解

此章说明流水的特点是有本源的,向着远大目标不断地适应自然形势而前进的。这比喻人们的学习要有坚定不移的意志,孜孜不倦地循序渐进,不断向前发展,才能获得远大的成就。否则,意志不坚定,偷懒取巧,侥幸冒进,是不能成功的;纵然浪得虚名,也等于无本之水,很快就消逝了。

逢蒙学射于羿章

逢蒙学射于羿,尽羿之道。思天下惟羿为愈己[1],于是杀羿。

孟子曰:"是亦羿有罪焉。公明仪曰:'宜若无罪焉。'曰:薄乎云尔,恶得无罪[2]!

"郑人使子濯孺子侵卫,卫使庾公之斯追之[3]。子濯孺子曰:'今日我疾作,不可以执弓,吾死矣夫!'问其仆曰[4]:'追我者谁也?'其仆曰:'庾公之斯也。'曰:'吾生矣。'其仆曰:'庾公之斯,卫之善射者也;夫子曰"吾生"[5],何谓也?'曰:'庾公之斯学射于尹公之他,尹公之他学射于我。夫尹公之他,端人也[6],其取友必端矣。'庾公之斯至,曰:'夫子何为不执弓?'曰:'今日我疾作,不可以执弓。'曰:'小人学射于尹公之他[7],尹公之他学射于夫子,我不忍以夫子之道,反害夫子。虽然,今日之事,君事也,我不敢废。'抽矢叩轮,去其金;发乘矢,而后反。"[8]

注释

〔1〕 羿(yì):夏代彝族有穷氏的酋长,古代最著名的射手,百发百中。逢蒙:羿的家臣。尽羿之道:把羿所有的射法都学到了。愈己:胜过自己。

〔2〕 公明仪:鲁人,曾参(孔子弟子)的弟子。宜:应该,可能。表示推论语气的副词。按理,好像是无罪吧! 这是孟子引公明仪批评羿时说过的一句话。下句"曰"字仍是孟子口中吐出的,犹言"我说",表示孟子针对公明仪的话,发表自己的意见:不过其罪轻点而已,哪能无罪! 恶(wū):何。

〔3〕 子濯孺子:春秋时郑国大夫。庾公之斯:卫国大夫。

〔4〕 仆:御车的人。

〔5〕 夫子:是对男子的尊称——弟子对师,臣僚对长官,妻对夫。

〔6〕 端人:正派人。

〔7〕 小人:庾公之斯自己谦称。

〔8〕 矢:箭。叩:敲,击。金:指用金属制造的箭头。乘(shèng)矢:四矢。反:同"返"。抽箭,在车轮上敲掉箭头,以免伤人,发射出四根箭才打回转。

君子所以异于人者章

孟子曰:"君子所以异于人者,以其存心也[1]。君子以仁存心,以礼存心。仁者爱人,有礼者敬人;爱人者人恒爱之,敬人者人恒敬之。有人于此,其待我以横逆[2],则君子必自反也[3]:我必不仁也,必无礼也,此物奚宜至哉[4]?其自反而仁矣,自反而有礼矣,其横逆由是也[5],君子必自反也:我必不忠[6]。自反而忠矣,其横逆由是也。君子曰:'此亦妄人也已矣[7],如此,则与禽兽奚择哉!于禽兽又何难焉。'[8]

"是故君子有终身之忧,无一朝之患也[9]。乃若所忧则有之[10]:舜人也,我亦人也;舜为法于天下,可传于后世,我由未免为乡人也[11],是则可忧也。忧之如何?如舜而已矣。若夫君子所患则亡矣:非仁无为也,非礼无行也,如有一朝之患,则君子不患矣。"[12]

注释

〔1〕 君子:德行优秀的人。存:省察。存心:检察思想。

〔2〕 横(hèng)逆:蛮横不讲理。

〔3〕 自反:反省。

〔4〕 此物:这样的事。奚宜:怎么会。至:到来。

〔5〕 由:与"犹"通用。由是:仍然这样。

〔6〕 忠:诚实地毫无遗憾地尽到自己的力量。

〔7〕 妄人:不讲道理的人。已矣:表示决定的语气。

〔8〕 奚择:有何区别,即是说没有区别。难(nàn):责难。何难:意思说不足责备。

〔9〕 终身之忧:一生的忧虑。一朝之患:一时的挂碍。

〔10〕 乃若:比"若夫"语气稍重,都是连词,与"至于"相类。

〔11〕 乡:聚居的意义。乡人:谓平凡的居民。

〔12〕 亡(wú):从有到无,即消失。行为经常是"仁"和"礼",思想是坦白的、轻松愉快的,如果有一时的挂碍,君子不去挂碍它。

章解

　　此章论君子严格要求自己,不断提高自己,用自我检察的方法克服从外界所遭受的委屈、困难,决不因此动摇自己的意志。前段论自我检察,后段论坚定意志,不断提高自己。"仁"是对人的基本态度,但光是仁爱还不够,必须具有真诚的"敬",才是人与人之间的正确关系。最后,爱和敬在自己这方面必须达到毫无遗憾地确已尽了自己最大限度的努力的程度,这叫做"忠";所以"忠"是最后阶段的检察。经过这样的深入检察,思想上就会轻松愉快,放下包袱,外来的挂碍就不会动摇自己的意志。"是故"两句是提纲,"乃若"和"若夫"两笔分别说明。

齐人有一妻一妾章

齐人有一妻一妾而处室者[1]。其良人出,则必餍酒肉而后反[2]。其妻问所与饮食者,则尽富贵也[3]。其妻告其妾曰:"良人出,则必餍酒肉而后反。问其与饮食者,尽富贵也,而未尝有显者来,吾将𥈴良人之所之也[4]。"蚤起,施从良人之所之[5],遍国中无与立谈者[6],卒之东郭墦间,之祭者乞其馀,不足,又顾而之他[7]。——此其为餍足之道也。其妻归,告其妾,曰:"良人者,所仰望而终身也[8],今若此!"与其妾讪其良人,而相泣于中庭[9]。而良人未之知也,施施从外来[10],骄其妻妾。

由君子观之!则人之所以求富贵利达者,其妻妾不羞也、而不相泣者,几希矣[11]。

注释

〔1〕"齐人"句:齐国有一妻一妾同处一室的这样一家人。言"妻"、言"妾"就意味着包括她们的丈夫即"良人"。

〔2〕 良人:妻称夫曰"良人"。餍:饱。反:同"返"。

〔3〕"其妻"二句:其妻向良人问到和他共同饮食的,据说都是富贵之人。

〔4〕显者:尊贵人。瞯(jiàn):侦察。所之:所往。

〔5〕蚤:同"早"。施:斜行,不端走。斜曲跟随,避免良人看见。

〔6〕国中:城中。

〔7〕卒:终究。"之东郭"、"之祭者"、"之他"和上文两个"所之"的"之":都是"往"的意思。郭:外城。墦间:坟墓之间,墓群。祭者:祭墓的人(祭后就在墓前聚食)。乞其馀:乞讨剩馀的酒食。顾:左右回顾。之他:往别处乞讨。

〔8〕仰望:依靠。终身:度过一生。

〔9〕讪(shàn):讥评。

〔10〕未之知:即"未知之"。施施从外来:舒缓地洋洋得意地从外面走来。

〔11〕人:意味着当时的人。利达:"利"是发财,"达"是成名,"利达"与"富贵"义近;连用四字,加重语气,包括广泛。几希:少有。这是说,当时用卑鄙手段,走无耻的道路,以求富贵利达的人们,和这"良人"是同样的可耻,少有能够使他们的妻妾"不羞"和"不相泣"的。

章解

此章痛斥当时追求"富贵利达"的人的卑鄙无耻——走的是阴暗、见不得人的路线,乞讨的是别人的残羹冷汁,反而洋洋得意地欺骗自己家里最亲密的人,表示骄傲,结果连自己最亲密的人也欺骗不了,被发现了秘密。"与饮食者则尽富贵也"是良人口中表示骄傲的言语,"施施从外来,骄其妻妾"是良人从脸上和动作上表示骄傲的态度,只这两句前后相应,便刻画出良人垂涎富贵和虚伪骄傲的情态。"遍国中无与立谈者"句写其妻先诧异一下,往下看是:"之东郭墦间","之祭者","又顾而之他"——都是"乞其馀"。这样一步紧一步地写其妻的感觉越看越难受——"这就是他从富贵朋友那里捞得醉饱的道路啊!"形象生动,情景逼真,而文字则简练有力。"今若此"三字表现着无限感慨和埋怨的情绪。"此"字包括上文从"蚤起"以下四十四字所表达的情况,其妻把上文这些情况向其妾叙述之后,才接着说:"良人是我们依靠着过活一辈子的人,现在是这个样儿啊!"记述这段谈话当中,把妻对妾叙述上文四十四字所表达的情况的话省略了。

娶妻如之何章

万章问曰[1]:"《诗》云:'娶妻如之何?必告父母。'[2]信斯言也,宜莫如舜[3]。舜之不告而娶,何也?"

孟子曰:"告则不得娶[4]。男女居室,人之大伦也;如告,则废人之大伦,以怼父母[5],是以不告也。"

万章曰:"舜之不告而娶,则吾既得闻命矣[6]。帝之妻舜而不告[7],何也?"

曰:"帝亦知告焉则不得妻也。"

万章曰:"父母使舜完廪,捐阶,瞽瞍焚廪;使浚井,出,从而掩之[8]。象曰:'谟盖都君,咸我绩[9]。牛、羊,父母;仓、廪,父母;干、戈,朕;琴,朕;弤,朕;二嫂,使治朕栖。'[10]象往入舜宫,舜在床琴[11]。象曰:'郁陶思君尔!'忸怩[12]。舜曰:'惟兹臣庶,汝其于予治[13]!'不识舜不知象之将杀己与?"[14]

曰:"奚而不知也。象忧亦忧,象喜亦喜。"[15]

曰:"然则舜伪喜者与?"

曰:"否。昔者,有馈生鱼于郑子产[16],子产使校人畜之池[17]。校人烹之,反命,曰:'始舍之,圉圉焉;少则洋洋焉,攸然而逝[18]。'子产曰:'得其所哉! 得其所哉!'校人出,曰:'孰谓子产智[19]? 予既烹而食之,曰:"得其所哉! 得其所哉!"'故君子可欺以其方,难罔以非其道[20]。彼以爱兄之道来,故诚信而喜之,奚伪焉。"

注释

〔1〕 万章:孟子弟子。

〔2〕 "娶妻"二句:引自《诗经·齐风·南山》篇第三章。如之何:犹言"怎么样"。

〔3〕 "信斯言"二句:信仰这话的,应该没有比得上舜的了。

〔4〕 "告则"句:因为父母不爱舜,不让他娶;所以,告就不得娶。

〔5〕 怼:怨恨,犹今言"对不起"。

〔6〕 闻命:领教。

〔7〕 帝:指尧帝。妻:嫁女给人为妻,作动词用。尧以二女——娥皇、女英给舜为妻。不告:谓不先告于舜的父母。

〔8〕 完廪:修补仓廪。捐:去掉。阶:梯子。瞽瞍(sǒu):舜父。浚井:淘井。掩:盖。去掉梯子,舜怎么没有在仓廪上面被烧死? 据《史记·五帝本纪》说,舜挟持着两个斗笠,像鸟飞那样从仓顶上降落下来;淘井的时候,从井内旁边一孔道走出来。本文的"出"字正指从旁孔道出,但瞽瞍不知,"从而掩之"。

〔9〕 象:舜弟。谟:谋。盖(hài):陷害。都:有"大"义。君:男子的尊称。象以弟对兄,称舜为"都君"。咸:皆。绩:功劳。

〔10〕 朕:我。弤(dǐ):舜常用的特制的弓名。栖:休息处,此指床。象说:"谋害兄舜,都是我的功劳。牛羊和仓廪给父母,干戈、琴、弤给我,两位嫂子给我照管床榻。"象不知舜从井旁孔道出去,认为已死,因而处理舜的所有物,并欲以"二嫂"为妻。

〔11〕 舜宫:舜的寝室。在:本义是"生存"。琴:鼓琴,作动词用。句意是说,象看见舜还活着,在床上鼓琴。

〔12〕 郁陶(yáo):忧闷。象说:"我老是闷在心头,惦念着您啦!"尔:句末助词。忸怩:惭愧的表情。

〔13〕 惟:思念。兹:此。庶:众。牛、羊、仓、廪,二嫂(舜妻,即尧的二女),都是尧在舜还在耕田的时期给予舜的,还附带给予着管牛、羊、仓、廪的人(《万章》上篇"舜往于田"章)。臣庶:就是指隶属于舜的这些管牛、羊、仓、廪的人们,应该受到舜的管理。其:表示命令的语气。于:与"与"同。在这里是帮助的意思。舜命令象帮助他管理那些"臣庶"。

〔14〕 不识:即"不知"。这是万章的"不知"。万章叙述瞽瞍和象谋害舜,舜不和他们计较的情况之后,向孟子问这么一句。与:疑问助词,下同。

〔15〕 奚:何,怎的。孟子说,舜怎的不知象的阴谋,不过,舜爱弟,与象同忧同喜。象既表示好感,舜也就表示好感,说出愿象帮助自己的话。

〔16〕 馈:赠送食物。

〔17〕 校人:管理池沼的小官吏。畜:养。

〔18〕 烹:煮。反命:回复。始舍(shě)之:开始把它放下去。圉圉焉:局促,不自然的样儿。少:与"稍"同,一会儿。洋洋焉:摇尾,得意的样儿。攸然:深远的样儿。逝:不见了。

〔19〕 "孰谓"句:谁说子产聪明啦。

〔20〕 方:合乎情理的推类。罔:欺。非其道:不合理。

章解

此章写舜怎样脱离家庭苦难,宽大对待兄弟,以说明舜是儒家所谓"孝友"的典型。全章分三段:(一)娶妻的问题;(二)逃得生命,宽大对待兄弟;(三)为什么甘受兄弟欺骗的问题。在娶妻的问题上,孟子说过这样的话:"不孝有三,无后为大;舜不告而娶,为无后也,君子以为犹告也(不告等于告)。"(《离娄》下篇)孟子的意见:不告而娶和父母之命的矛盾,统一于避免"无后"才算"大孝"的意义上;"男女居室"所以为"人之大伦",正是为了"有后";如果要顺父母之命,不娶而

"无后",就成为"大不孝"而更对不起父母。所以,舜只有权衡轻重,宁愿"不告而娶"以全其"大孝",以免终究对不起父母。第二段着重指出父母和象对舜的恶毒阴谋。完廪在先,浚井在后,用一个"出"字点明舜在浚井时的脱险,则在完廪时从"廪"上逃脱一层也就不言而喻了。"牛羊"以下十五字中没有一个动词,句法好像不明了;但牛、羊、仓、廪、干、戈、琴、弤和二嫂都是属于舜的,从"二嫂使治朕栖"句,可以了解到上面那些舜的所有物也正在被分配,所以就把句中表示分配意义的动词省去,这更显得口语的流利。"在"的本义是"生存",此处作为动词用,"在"下省略"于"字。这是从象的眼中写出舜还存活着、正在床上鼓琴,可以想见象由惊讶而感到惭愧,与下文"忸怩"相应。第三段说明舜所以甘受欺骗的道理:舜明明看见象的假面孔,但从爱弟的观点来看象,从他惭愧的表情所听到的假话,认为象对自己的感情有了转变,因而自己的感情也就趋向缓和。虽然舜太天真了,却是在友爱的基础上和情理中被欺骗的——这叫做"君子可欺以其方"。"圉圉焉"、"洋洋焉"、"攸然而逝",是鱼从初入水到被看不见的短短过程中所表现的活动情景,写得极其生动、自然。本来"校人出曰"以下四句不必记录,也能看出子产被欺了;但从校人口中重说一下"予既烹而食之"和"得其所哉!得其所哉",就更加强了子产好像的确是一个傻瓜的描写。文字的剪裁功夫,不是一味从简,重复的写,有时是必要的。

伊尹以割烹要汤章

万章问曰:"人有言,伊尹以割烹要汤[1],有诸?"

孟子曰:"否,不然。伊尹耕于有莘之野,而乐尧舜之道焉[2]。非其义也,非其道也:禄之以天下,弗顾也;系马千驷,弗视也[3]。非其义也,非其道也:一介不以与人,一介不以取诸人[4]。汤使人以币聘之[5]。嚣嚣然曰:'我何以汤之聘币为哉[6]?我岂若处畎亩之中,由是以乐尧舜之道哉[7]!'汤三使往聘之。既而幡然改曰:'与我处畎亩之中,由是以乐尧舜之道,吾岂若使是君为尧舜之君哉!吾岂若使是民为尧舜之民哉!吾岂若于吾身亲见之哉[8]!天之生此民也,使先知觉后知,使先觉觉后觉也[9]。予天民之先觉者也[10],予将以斯道觉斯民也。非予觉之而谁也?'思天下之民——匹夫匹妇有不被尧舜之泽者,若己推而内之沟中[11]:其自任以天下之重如此[12]。故就汤而说之以伐夏救民[13]。

"吾未闻枉己而正人者也,况辱己以正天下者乎[14]!圣人之行不同也:或远,或近,或去,或不去[15]——归洁其身而已矣[16]。吾闻其以尧舜之道要汤,未闻以割烹也。《伊训》

曰〔17〕：'天诛造攻自牧宫，朕载自亳。'"〔18〕

注释

〔1〕 伊尹：殷汤的宰相。割烹：割切、烹调，厨师的技术。要(yāo)：即"要求"的"要"。表现自己，求得任用。

〔2〕 有莘：古代国名，在今河南陈留。乐：音lè。

〔3〕 禄：生活享受。此作动词用，谓给予生活享受。把"天下"作为生活享受给予他。驷：四马曰"驷"。拴着四千匹马，比喻大量财富摆在面前。

〔4〕 芥：即"草芥"的"芥"，比喻最轻微的东西。诸：于。取于人：从别人身上取为己有。

〔5〕 币：币帛，绸类。

〔6〕 嚣嚣然：无动于衷的态度。聘币：作为聘请礼物的币帛。

〔7〕 畎：亩与亩之间的小沟。岂若……哉：不若，不如。处畎亩之中：处在田野中劳动，不做官。

〔8〕 幡然：反过来。与……岂若：表示比较的语气，作连词用。亲见之：亲见尧舜之道的实现。

〔9〕 觉：觉悟，作为及物动词用，即教育和启发的意思。"先觉"、"后觉"的"觉"：作为名词用，即觉悟者。孟子所谓"天"，不是宗教性的上帝，也不是科学性的天体，是对宇宙的总概念。这里的意思：宇宙间出生这些人民，总是让先知者去教育后知者，先觉者去教育后觉者，好像是一个规律一样。

〔10〕 天民：宇宙间的人民。

〔11〕 思：念。匹夫匹妇：一个男子或一个女人。泽：恩泽。内：读音与"纳"同，即"纳入"。

〔12〕 自任：自己担当起来。

〔13〕 就：往见。

〔14〕 枉己：自己不正。辱己：自己侮辱自己。

〔15〕 或远：在野，远离朝廷。或近：在朝，亲近国君。或去：不屑与恶人相处，拂袖而去。或不去：虽对恶人，也愿和他相处。

〔16〕絜:同"洁"。归根到底,自己本身是干净的——不"枉己",不"辱己"。

〔17〕《伊训》:是古《尚书》篇名,今已亡佚,这不是《伪古文尚书》中的《伊训》。伊尹训告太甲,故名"伊训"。

〔18〕天诛:天的责罚。造:造作。攻:攻伐。牧宫:夏桀居住的宫。朕:我(伊尹自谓)。载:始。亳(bó):地名,汤的都邑(在今河南商丘境内)。这是说,天对夏桀的诛罚,是从夏桀("牧宫"代表夏桀)自己造作了应被攻伐的罪恶招来的,我和汤谋伐桀是从汤居亳都时开始的。

章解

此章说明伊尹:(一)严格地用"义"和"道"作为思想行动的准则,以消灭个人名利观念;(二)经过汤三次征聘,由自洁其身的"乐道"思想,积极发展为"自任以天下之重"的"救民"思想;归结为要能"自洁其身"才能"自任以天下之重"的主题。孟子把"士"的出、处大节看得很重,痛恨那些苟求富贵利达的卑鄙无耻的行径,反对忽视个人品德修养的思想倾向;因而于阐发伊尹"自任以天下之重"的重大意义,并颂扬他"非予觉之而谁也"的豪迈气概之后,仍归结到洁其身"以正天下"的意义上来;这说明洁其身也正是为"自任以天下之重"做好准备。孟子说:"伊尹,圣之任者也。"(《万章》下篇)就是说,伊尹的特点是最富于"以天下为己任"的积极精神的。一介不妄取是正当的,一介不妄与有何意义?"取"和"与"相对待,此方的"妄与"可以导致彼方的"妄取"。为了严格对待不妄取,把妄取看做极可耻的事情,也就不愿让它沾染到别人身上,因而认真不妄取的人,也绝不肯妄与。"以尧舜之道要汤"的意思是说伊尹怀抱尧舜之道,因而见重于汤,引起汤来聘他;不是说伊尹卖弄尧舜之道,表现自己而求汤。"以……要汤"的句法是针对万章所问,否定他"以割烹要汤"的错误提法而构成的。

伯夷目不视恶色章

孟子曰:"伯夷目不视恶色,耳不听恶声[1];非其君不事,非其民不使;治则进,乱则退[2];横政之所出,横民之所止,不忍居也[3];思与乡人处,如以朝衣朝冠,坐于涂炭也[4]。当纣之时,居北海之滨[5],以待天下之清也。故闻伯夷之风者,顽夫廉,懦夫有立志[6]。

"伊尹曰:'何事非君,何使非民;治亦进,乱亦进。'曰:'天之生斯民也,使先知觉后知,使先觉觉后觉;予天民之先觉者也,予将以此道觉此民也。'思天下之民——匹夫匹妇有不与被尧舜之泽者,若己推而内之沟中:其自任以天下之重也[7]。

"柳下惠不羞污君,不辞小官[8];进不隐贤,必以其道[9];遗佚而不怨,厄穷而不悯[10];与乡人处,由由然不忍去也[11];'尔为尔,我为我,虽袒裼裸裎于我侧,尔焉能浼我哉[12]?'故闻柳下惠之风者,鄙夫宽,薄夫敦[13]。

"孔子之去齐,接淅而行;去鲁,曰:'迟迟吾行也!'——去父母国之道也[14]。可以速而速,可以久而久,可以处而处[15],可以仕而仕:孔子也。"

孟子曰："伯夷,圣之清者也;伊尹,圣之任者也;柳下惠,圣之和者也;孔子,圣之时者也"[16]。

"孔子之谓集大成[17]。集大成也者,金声而玉振之也[18]:金声也者,始条理也;玉振之也者,终条理也[19]。始条理者,智之事也;终条理者,圣之事也[20]。智,譬则巧也;圣,譬则力也;由射于百步之外也:其至,尔力也;其中,非尔力也。"[21]

注释

〔1〕 伯夷:殷朝末期住在中国东北方的一个部落酋长——孤竹君的长子,其弟叫叔齐。父死,他俩互相让国,不肯为君,远逃他方。他们痛恨殷纣暴虐,但又反对周武王用武力取得天下,因而不吃周朝的粮食,饿死于首阳山。从他们临死时所作的歌词中看出他们憧憬于远古传说的禅让制度,认为武力征伐是"以暴易暴"。汉司马迁在《史记》里为他们写了一篇列传。恶色:妖艳的女色。恶声:淫荡的音乐。

〔2〕 事君、使民:乱世的君和民不是伯夷眼中的"君"和"民",因而说为"非其君"、"非其民",他不去奉事和使用他们。这就是说,他在乱世不做官,故曰"治则进,乱则退"。

〔3〕 横(hèng)政:暴政。横民:恶人。"横政之所出"指施行横政的朝廷,"横民之所止"指恶人所在的地方。不忍:犹言"不耐"。不忍居也:要处下去的话,感到受不得。

〔4〕 乡:有聚居的意义。乡人:指平凡的居民。但结合上下文义并参照《公孙丑》上篇"伯夷非其君不事"章同样文句的意义看,可知这是指伯夷眼中所认为的乱世的"乡人"而言,即指"恶人"。朝衣、朝冠:朝见国君时所着的礼服、礼帽。涂:泥涂。"涂炭"易污身。

〔5〕 北海:渤海。

〔6〕 "故闻"三句:感染到伯夷的风概,就会使贪鄙的人变为廉洁,懦弱的人转变为具有坚定的意志。

〔7〕 伊尹:殷汤的宰相。他说:哪有不可事的君和不可使的民!"天之生斯民也"一段解释在"伊尹以割烹要汤"章。

〔8〕 柳下惠:姓展,名禽,字季,别号柳下,"惠"是他死后被人根据生平行为给予他的称号。他是春秋鲁僖公、文公时大夫。他不以奉事行为污秽的君为可羞耻,对于小官也不嫌其卑微而推辞不干。

〔9〕 "进不"二句:升进到朝廷的时候,不隐瞒自己的贤才,要尽量贡献出来,来行其道。以:用。

〔10〕 遗佚:即不被进用的意思。厄穷:即穷困的时候。悯:忧闷。

〔11〕 由由然:自然、和谐的样儿。不忍去:要离去的话,觉得过意不去。

〔12〕 袒(tǎn)裼(xī):脱衣露背。裸裎(chéng):脱衣露身。浼(měi):污染。在人前脱衣露体是对人不礼貌的表示,但柳下惠对别人在他身旁表示这种不礼貌的样儿时,认为:你是你,我是我,你的不正当的作风和态度何能污染到我身上呢?

〔13〕 "鄙夫"二句:气量窄狭的人变得宽宏了,性情凉薄的人变得敦厚了。

〔14〕 去齐:离开齐国。接淅(xī):淘米。接淅而行:当行即行,那怕正淘米,也不等待煮熟饭来吃就走了。迟迟吾行:我虽然应当离去,但不急行。父母国:犹言"祖国"。

〔15〕 处:居家不仕。

〔16〕 "伯夷"八句:人格修养达到当时社会伦理极高的水平叫做"圣",孟子认为这四人都可称为"圣",但各人表现的特点不同:伯夷是"清"——嫉恶如仇,宁死不愿接触自己所不同意的人和自己认为不合理的事;伊尹是"任"——要把天下的重任担当在自己肩头上,只要有一个人没有过到好日子,就像是自己把他推下沟里一样;柳下惠是"和"——虽然和恶人在一起,也可以自然、和谐地相处,保持自己的清洁;孔子是"时"——根据情况,随时灵活运用以上三个特点。

〔17〕 之:犹"则"。谓:有"论定"的意思。孟子认为孔子则可被论定为"集大成"——融合伯夷等各人特点为更大的成就。

〔18〕 "金声"句:孟子用古代演奏音乐的事作比譬来说明"大成"的意义。金:指金属的乐器。声:作动词用,发出大声,起到提纲挈领、动员全面的作用。

玉:指用石类作成的乐器。振:有"收束"的意思。之:指"金"所发动的整个乐程。振之:就是把整个乐程作个结束。

〔19〕 条理:是"有条不紊"的意思。金声发动,把整个乐程组成部分的机能、节奏有条不紊地活跃起来,这叫做"始条理"。融合全部乐程的条理,起到最后完成的作用,这叫做"终条理"。

〔20〕"始条理"四句:结合到"大成"的意义:"智"是观察事物,分析入微,灵活适应变化,能起指导作用——把它比作"始条理";"圣"是融汇真理,修养成熟,具有充沛力量,贯彻一定原则——把它比作"终条理"。智圣合一,就是"大成"。

〔21〕 由:与"犹"通用。拿在"百步之外"射箭的事作譬:"智"譬如射箭的技巧,"圣"譬如射箭的力量。"至"是到达靶子,这是你的力量;"中"是射中靶子,这光靠力量还不行,要有技巧。

齐宣王问卿章

齐宣王问卿[1]。孟子曰:"王何卿之问也?"[2]

王曰:"卿不同乎?"

曰:"不同:有贵戚之卿,有异姓之卿。"[3]

王曰:"请问贵戚之卿?"

曰:"君有大过,则谏;反覆之而不听,则易位。"[4]

王勃然变乎色。[5]

曰:"王勿异也! 王问臣,臣不敢不以正对。"[6]

王色定,然后"请问异姓之卿?"

曰:"君有过,则谏;反覆之而不听,则去。"[7]

注释

〔1〕 卿:高级的大夫,执掌国政(但也有不任职事的"客卿")。问卿:问怎样为卿。

〔2〕 "王何卿"句:王问哪种"卿"?

〔3〕 贵戚之卿:以其与国君有亲族关系而得为卿。异姓之卿:与国君不同姓,没有亲族关系,以具备德才而得为卿。

〔4〕易位:变更君位,另立贤者。

〔5〕"王勃然"句:王突然变了脸色,显出惊惧的怒容。

〔6〕勿异:莫怪。以正对:以正当的意义答对。

〔7〕去:去往他国。

章解

　　在"民为贵"章里,孟子说:"诸侯危社稷,则变置。""君有大过"就能"危社稷",应另立贤君。从那章"得乎天子为诸侯"的文义看,"变置"诸侯之权是属于天子的,但这在战国时已行不通了,而贵戚废立国君在春秋时已有实例。孟子因为要坚持"民贵君轻"的原则,也就承认"贵戚之卿"应有废立国君的权责。孟子当面对齐王说出这番道理,和对齐王说"君之视臣如土芥,则臣视君如寇仇"("君之视臣如手足"章)一样,表现着他所谓"说大人则藐之"的严正态度。

富岁子弟多赖章

孟子曰:"富岁子弟多赖[1],凶岁子弟多暴[2];非天之降才尔殊也[3],其所以陷溺其心者然也[4]。今夫麰麦:播种而耰之[5],其地同,树之时又同[6],浡然而生,至于日至之时,皆熟矣[7];虽有不同,则地有肥硗[8],雨露之养、人事之不齐也。故凡同类者,举相似也[9],何独至于人而疑之?圣人与我同类者。故龙子曰:'不知足而为屦,我知其不为蒉也[10];屦之相似,天下之足同也。'

"口之于味,有同耆也;易牙先得我口之所耆者也[11]。如使口之于味也,其性与人殊,若犬马之与我不同类也;则天下何耆皆从易牙之于味也[12]?至于味,天下期于易牙[13],是天下之口相似也。惟耳亦然,至于声,天下期于师旷[14],是天下之耳相似也。惟目亦然,至于子都,天下莫不知其姣也[15];不知子都之姣者,无目者也。故曰:口之于味也,有同耆焉;耳之于声也,有同听焉;目之于色也,有同美焉。至于心,独无所同然乎[16]?心之所同然者何也?谓理也,义也。圣人先得我心之所同然耳。故理、义之悦我心,犹刍豢之悦我口。"[17]

注释

〔1〕富岁:丰年。子弟:少年人。赖:依赖。或读为"懒",因依赖天年,不多劳动而得丰衣足食,习为懒惰。其义亦通。

〔2〕凶岁:荒年。暴:恶,迫于饥寒而做恶事。

〔3〕才:本来的性质。尔:如此。殊:不同。

〔4〕陷溺:堕落。然:如此。使思想堕落的客观诱因使之如此。

〔5〕麰(móu)麦:大麦。耰:播种后把土整平。

〔6〕树:种植。

〔7〕浡(bó)然:蓬蓬勃勃地。日至:节气名,此指夏至。

〔8〕硗(qiāo):瘠薄。

〔9〕举:皆。

〔10〕龙子:古贤者,名字时代不可考。蒉(kuì):草器。虽然不知足形大小而编织草鞋,但我晓得他不会编成草器。

〔11〕耆(shì):同"嗜",口的爱好。易牙:春秋齐桓公时最擅长烹调的人。我口所爱好的,易牙先知其为美味。

〔12〕"如使"四句:如果口对于味,一个人生来的感觉和别人不同,就像犬马和人不同类那样地不同的话;那末,天下人何以会口嗜都跟易牙的味觉是一致的呢?性:生性,生来的感觉。

〔13〕期于易牙:以易牙为标准。

〔14〕师旷:春秋晋平公时的乐官,最擅长音乐。

〔15〕子都:春秋郑昭公时的美男子。姣:美好。

〔16〕同然:一致肯定。

〔17〕悦我心:使我心感到舒适。刍豢(huàn):以草养牛羊叫做"刍",因而也叫吃草的牛羊为"刍";以谷类养犬豕叫做"豢",因而也叫食谷类的犬豕为"豢"。此言"刍豢",指作为食品的牛羊、犬豕的"肉"。

章解

此章说明人们的"心",就本质说,都有共同的认识——能肯定理、义;其有不同,是因为有客观原因"陷溺"了"其心"。在"钧是人也"章里,孟子说:"心之官则思,思则得之,不思则不得也。"那末,孟子之所谓心,应当就是如今之所谓脑筋。孟子认为人们的脑筋都是一样的,都能作推理和判断来认识和欣赏客观事物的理、义,除非客观原因"陷溺"了他的思想,失掉正常作用。全章内容:(一)用同样的种麦而收获不同的譬喻,说明人们的行动有不符合理、义的,是由于主观努力的不够和客观条件的不好影响到思想上的异变,不是"思想"这个东西的本质有所不同;(二)人们的味觉、听觉、视觉对于对象的美恶的认识和选择,都有共同的标准;(三)能够思想的脑筋和口、耳、目一样,都是人身上的器官,在认识和选择上也必然有其一致性,一致的标准就是理、义。

无或乎王之不智也章

孟子曰:"无或乎王之不智也[1]。虽有天下易生之物也,一日暴之,十日寒之[2],未有能生者也。吾见亦罕矣[3],吾退而寒之者至矣,吾如有萌焉何哉[4]!今夫弈之为数,小数也;不专心致志,则不得也[5]。弈秋,通国之善弈者也[6]。使弈秋诲二人弈:其一人专心致志,惟弈秋之为听[7];一人虽听之,一心以为有鸿鹄将至,思援弓缴而射之[8]。虽与之俱学,弗若之矣[9]。为是其智弗若与[10]?曰[11]:非然也。"

注释

〔1〕或:作"惑"字用,不明了,可怪。无或:莫怪。王:指齐王,当时的人有因齐王没有进步的表现,怪他不聪明。

〔2〕暴(pù):晒,吸取日光,得到温暖。寒:没有太阳,温度不够。此作动词用。

〔3〕吾见:孟子自述得见齐王的机会。罕:少。

〔4〕如……何:即"奈……何"。即使有点萌芽生长的迹象,我又能奈何!就是说,我怎能让萌芽生长得起来!

〔5〕弈:围棋。(但和现在的围棋不同,古代有《弈经》,已亡佚,其法没有

完整地被传下来。)数:技术。致志:精密地钻研。

〔6〕 秋:人名,因其为著名的围棋专家,不著其姓,称为"弈秋"。(如著名的医师名和,称为"医和"。)

〔7〕 "惟弈秋"句:惟独以弈秋为听的对象。

〔8〕 鸿鹄:鸟名,又被称为"黄鹄"。援:取。缴(zhuó):系在箭上的、用生丝搓成的绳子,用以射鸟。

〔9〕 "与之"和"若之"的"之":指前一人。

〔10〕 为(wèi):作"谓"字用。与(yú):疑问助词。

〔11〕 曰:表示同一个人的说话中间自为问答。

章解

　此章说明只有专心致志、集中精力地学习,才能够培养和加强思想的分析和判断的力量——智,以达到正确认识客观事物规律的目的。一暴、十寒,萌芽生不起来的比喻,意味着智力因为没有通过专心致志的学习,经常被削弱、分散或抵消,就得不到足够的培养,从而不得发展和运用,失掉学习的效果。这不能怪他没有智,而是由于他自己不努力,心思被别的东西牵制,智力得不到培养。

鱼我所欲也章

孟子曰:"鱼,我所欲也;熊掌,亦我所欲也,二者不可得兼,舍鱼而取熊掌者也[1]。生,亦我所欲也[2];义,亦我所欲也,二者不可得兼,舍生而取义者也。生亦我所欲,所欲有甚于生者,故不为苟得也[3];死亦我所恶,所恶有甚于死者,故患有所不辟也[4]。如使人之所欲莫甚于生,则凡可以得生者何不用也?使人之所恶莫甚于死者,则凡可以辟患者何不为也[5]?由是,则生而有不用也;由是,则可以辟患而有不为也[6]。是故所欲有甚于生者,所恶有甚于死者;非独贤者有是心也,人皆有之,贤者能勿丧耳[7]。一箪食,一豆羹[8],得之则生,弗得则死;呼尔而与之,行道之人弗受[9];蹴尔而与之,乞人不屑也[10]。

"万钟,则不辩礼义而受之,万钟于我何加焉[11]?为宫室之美,妻妾之奉,所识穷乏者得我与[12]?乡为身死而不受,今为宫室之美为之;乡为身死而不受,今为妻妾之奉为之;乡为身死而不受,今为所识穷乏者得我而为之:是亦不可以已乎?此之谓失其本心。"[13]

注释

〔1〕 熊掌:熊脚掌,其肉肥美。

〔2〕 生:生命。

〔3〕 苟得:不合理的取得。这里的意义指"苟且偷生"。

〔4〕 恶(wù):厌恶。患:患难。辟:同"避"。

〔5〕 "如使"四句:如果生是绝对的所欲的话,那末,凡是可以苟且偷生的无耻的手段,哪样不可以用?如果死是绝对的所恶的话,那末,凡是可以苟且避患免死的无耻的事,哪样不可以做?两句反问的语气意味着事实并不如此,而常有舍生、不避患的人。

〔6〕 "由是"四句:由此可见,可以保全生命的手段有时不用,可以避免患难的事有时不做。

〔7〕 "贤者"句:贤者能够不丧失此心而已。

〔8〕 箪食:解在"齐人伐燕胜之"章。豆:盛羹或盛肉的木制的食器。豆羹:用豆盛着的羹。

〔9〕 呼尔:以轻蔑态度或怒容叫唤着。行道之人:过路的人(谓平凡的人)。

〔10〕 蹴(cù)尔:践踏着。乞人:乞丐。不屑:谓不屑接受。

〔11〕 万钟:解在"孟子致为臣而归"章。辩:同"辨"。上文说明人之常情,对于有关生死的箪食豆羹,因其无礼而来,宁愿饿死,决不蒙耻辱而接受。这里接着说,对于无关生死的万钟,却有人不分辨其合礼义与不合礼义而竟自接受,究竟万钟对自己增加了什么呢?就是说,万钟的价值总比不上生命嘛!为什么舍义而取万钟?

〔12〕 为(wèi):因为。得:同"德",感激的意思。与(yú):疑问助词。不辨礼义而贪取万钟,是为了万钟可以用于建筑美丽宫室,供给妻妾享乐和施与贫穷朋友使他们感激自己的恩惠吗?

〔13〕 乡(xiàng):同"向",向来,往日。为身死:为不蒙耻辱而宁愿身死。是:指"为宫室"、"为妻妾"、"为所识"。生命尚且可以不要,这三项比生命轻,却有什么不得已而不放弃呢?这叫做糊涂颠倒、丧失其本心。

章解

　　此章论人们怎样对待"所欲"的问题。"所欲"随着生命和知识的发展，不断滋长着，不是都可能和都应该得到满足或完全得到满足的。它们之间的矛盾，需要人们给予正当的解决。孟子认为生死问题与荣辱问题发生矛盾时，人们宁愿光荣而死，不愿屈辱而生，这就是"舍生取义"，这是人们的"羞恶之心"作出的决定——例如宁死不食"呼尔"、"蹴尔"之食。相反地，为了贪取比生命还要轻的财富而舍弃礼义的人，则已失掉了他的羞恶的本心，因而作出颠倒的错误的判断。羞恶之心的特点是知耻，所以孟子说："耻之于人大矣"，"人不可以无耻"（《尽心》上篇）。

拱把之桐梓章

孟子曰:"拱把之桐梓[1],人苟欲生之,皆知所以养之者。至于身,而不知所以养之者,岂爱身不若桐梓哉?弗思甚也。"[2]

注释

〔1〕拱把:两手合持叫做"拱",一手握住叫做"把"。"拱把"意味着围度不大。桐、梓:两种木名。
〔2〕弗思甚也:太不开动脑筋想一想。

人之于身也章

孟子曰:"人之于身也兼所爱,兼所爱,则兼所养也[1]。无尺寸之肤不爱焉,则无尺寸之肤不养也[2]。所以考其善不善者,岂有他哉?于己取之而已矣[3]。体有贵贱,有大小[4];无以小害大,无以贱害贵;养其小者为小人,养其大者为大人。今有场师,舍其梧槚,养其樲棘,则为贱场师焉[5]。养其一指,而失其肩背而不知也,则为狼疾人也[6]。饮食之人,则人贱之矣,为其养小以失大也;饮食之人无有失也,则口腹岂适为尺寸之肤哉?"[7]

注释

〔1〕"人之"三句:人对身的各部分都爱,也就都要加以培养。

〔2〕尺寸之肤:很小部分的肌肤。

〔3〕己取之:自己所抓住的,即重点。所以考察"所养"的"善不善"的关键,没有别的,就在于"所养"的重点是什么。

〔4〕体:身体,包括身的内外而言。贵、大:指心志。贱、小:指口腹。

〔5〕场师:筑地以种植树木为"场",主管场地的人为"场师"。梧:即梧桐。槚(jiǎ):即梓树。樲(èr):即酸枣树。棘:即荆棘。前二者价值较大,后二者价值

较小。场师舍大养小,故曰"贱场师"。

〔6〕"养其"三句:指治病的事。狼疾:即"狼藉",纷乱昏愦的意思。狼疾人指昏愦的医师。失:有损害意。疾病隐藏在肩背而表现于一指,医师但治疗一指而损害了肩背还不自知,故为昏愦的医师。

〔7〕无有失也:谓没有损害作为"大体"的心志。岂适:岂但,岂只。

章解

此章和前章及下章相关联:此章承上章,说"养身"的问题不可"养小以失大";下章说"大者"是"心",当先"养心"。在此章内,先说全身都该养,但有重点;其次,用场师和医师作譬喻,说"养小失大"的颠倒不合理;再次,归结到养口腹、不养心志就是"养小失大"。但不是忽视口腹、矫情地忍饥挨饿,重要的是不损害心志。反复申明不可"养小失大"的意义。就是说,不是不养口腹,如果不败坏品德("无有失也"),则口腹所关岂仅只是"尺寸之肤"吗?饮食也是健康的必要条件,但重要的是:不可因养口腹而放松了养心志。

钧是人也章

公都子问曰:"钧是人也[1]:或为大人,或为小人,何也?"

孟子曰:"从其大体为大人,从其小体为小人。"[2]

曰:"钧是人也:或从其大体,或从其小体,何也?"

曰:"耳目之官,不思而蔽于物,物交物,则引之而已矣[3]。心之官则思,思则得之,不思则不得也[4]:此天之所与我者[5]。先立乎其大者,则其小者弗能夺也——此为大人而已矣。"[6]

注释

〔1〕 公都子:孟子弟子,楚人。钧:同"均"。

〔2〕 从:注重。大体:指下文所说的"心"。小体:指下文所说的"耳目"。

〔3〕 官:器官,官能。思:思想(包括考察、分析、研究、判断等)。蔽:掩蔽。物:指视听的对象(如声色)以及作为视听器官的耳目。交:接触。引:牵引,感触。耳目的器官,不能起思想作用而为声色所掩蔽;声色接触于耳目器官("物交物"),就只能起感性作用。

〔4〕 "心之官"三句:心的官能,能够思想(脑筋的作用),经过考察、分析、研究、判断,就能得到所思想的对象合理不合理的结论,不思就不能判断其合理不合理。

〔5〕 此:指耳目和心,都是人们生来就有的。

〔6〕 大者:指心。小者:指耳目。夺:侵犯、干扰的意思。先要建立根基在心的方面,培养和锻炼思想的力量,采取适当的思想方法,就能起到推理作用而作出正确的判断,这就不会被耳目的情欲(光想听美声、看美色)所干扰——大人就是这样而已。

章解

　　此章承上章"体有大小"的意义,说明"大体"和"小体"的区别以及怎样"从其大体"的方法。这里包含着"心"和"欲"的关系问题;"耳目"等小体因对物的感性作用而刺激为"欲",若不经过"心"的推理、判断以决定"欲"的合理不合理,那末,"大体"为"小体"所干扰,就会成为纵恣情欲的、"从其小体"的小人。大人则反是——"先立乎其大者"。

任人有问屋庐子章

任人有问屋庐子曰:"礼与食孰重?"[1]

曰:"礼重。"

"色与礼孰重?"[2]

曰:"礼重。"

曰:"以礼食,则饥而死;不以礼食,则得食,必以礼乎?亲迎,则不得妻;不亲迎,则得妻,必亲迎乎?"[3]

屋庐子不能对,明日之邹[4],以告孟子。

孟子曰:"于答是也何有[5]!不揣其本而齐其末,方寸之木,可使高于岑楼[6]。金重于羽者,岂谓一钩金与一舆羽之谓哉[7]?取食之重者,与礼之轻者而比之,奚翅食重!取色之重者,与礼之轻者而比之,奚翅色重[8]!往应之曰[9]:'紾兄之臂而夺之食[10],则得食;不紾,则不得食,则将紾之乎?逾东家墙而搂其处子[11],则得妻;不搂,则不得妻,则将搂之乎?'"

注释

〔1〕 任(rén):国名,在今山东济宁境内。屋庐子:名连,孟子弟子。孰:

谁,何。

〔2〕 色:指女色(男女关系)。此句任人问,省略"曰"字。

〔3〕 亲迎:是封建婚姻礼制所谓六礼(纳采、问名、纳吉、纳征、请期、亲迎)中的最后一个节目:男子亲往女家迎接女子来成婚。问者的意思:六礼必须具备,但男子因故障不能举行亲迎时,如果一定要亲迎,就得不到妻,免去亲迎,才能得妻,究竟亲迎不亲迎?

〔4〕 之:往。之邹:任国距邹国不远,那时孟子正在邹国。

〔5〕 何有:即"无有",没有困难的意思。对于答覆这个问题,何难之有!

〔6〕 揣:衡量。齐:向一定标准看齐,有"比较"的意思。本:本质。末:现象。岑楼:高楼。楼的高度和木的"方寸"是在一定程度上不变的本质的东西,从这衡量,可以得到楼高木低的结论;若不衡量本质而从变动的现象上比较,那末,把方寸之木放在高山之上,也可以说"方寸之木高于岑楼",但这是不真实的。

〔7〕 羽:鸟羽。钩:带钩。一钩金:作成一个带钩的金属。一舆羽:一辆车子所载的鸟羽。上"谓"字:作动词用,指说。下"谓"字:作名词用,意指。金重于羽:岂是说"一钩金"重于"一舆羽"的意思吗?("金重于羽"这个提法,本是从本质上说:金的比重大于羽的比重。)

〔8〕 翅:作为"啻"字用。奚啻:何只,岂只,表示强调的语气。奚啻食重、奚啻色重:仅只说"食重"、"色重"还不够(意思要说"重得多啦!")。食之重者:在维持生命的意义上。色之重者:在承继后嗣的意义上(儒家学说反对无后)。礼之轻者:指比较不重要的形式。前两者和后者相比,"食"和"色"重得多啦!

〔9〕 往应之:孟子教屋庐子往任国答复任人。以下六句即答复的话。

〔10〕 紾:反扭。臂:胳膊。"夺之"的"之":作"其"字用。

〔11〕 逾:跳过。东家:东边邻居。搂:拥抱。处子:处女。

章解

任人所问是"礼"与"欲"的关系的问题。据儒家学说,"礼"是用来调节"欲"的,表现在形式上是有拘束性的;两者发生矛盾的时候,怎么办?"食"和"色"是人们生活中最普遍的必要解决的"欲",和

"礼"发生矛盾的可能性最大,故任人对此提出问题。"亲迎"是婚礼中的一个节目,也即是"礼",可见任人所谓"礼"是偏重"礼"的形式而言。孟子对"礼"的态度,不强调形式,要着重体会制礼的本意,遵守礼的原则。如像饮食、男女有关重大的生活问题,必不得已的时候,在不争夺、不淫乱的原则指导下,可以根据实际情况,权衡轻重行事,不必一定拘守礼的形式。如:"娶妻必告父母"是礼,但告父母就不得娶,为了"有后",也可"不告而娶"(《离娄》下篇"不孝有三"章);"男女授受不亲"是礼,但哥哥的爱人跌在水里,也可用手把她援救起来(《离娄》上篇"男女授受不亲"章)。总之,涉及"礼"和"欲"的问题,要结合"义"来考察,不在"礼"的形式上绕圈子。"义"是所以为"礼"的本质,孟子是强调"义"的。"紾兄之臂而夺之食","逾东家墙而搂其处子",其无礼的程度已经发展到"不义",违反了不争夺、不淫乱的原则,那是要坚决反对的。因而教屋庐子答复任人,指出原则上应该反对的事,那末,形式上可以放宽尺度的道理就不言而喻了。文字结构:首先是问题的提出;其次,问题的说明;最后是问题的答复。

人皆可以为尧舜章

曹交问曰:"人皆可以为尧舜,有诸?"[1]

孟子曰:"然。"

"交闻文王十尺,汤九尺;今交九尺四寸以长,食粟而已,如何则可?"[2]

曰:"奚有于是,亦为之而已矣[3]。有人于此:'力不能胜一匹雏'——则为无力人矣;今曰:'举百钧'——则为有力人矣[4]。然则'举乌获之任',是亦为乌获而已矣[5]。夫人岂以不胜为患哉?弗为耳[6]。徐行后长者谓之弟,疾行先长者谓之不弟[7]。夫徐行者,岂人所不能哉?所不为也。尧舜之道,孝弟而已矣[8]。子服尧之服,诵尧之言,行尧之行,是尧而已矣;子服桀之服,诵桀之言,行桀之行,是桀而已矣。"[9]

曰:"交得见于邹君,可以假馆,愿留而受业于门。"[10]

曰:"夫道,若大路然,岂难知哉?人病不求耳。子归而求之,有馀师。"[11]

注释

〔1〕 曹交:古曹国贵族的后裔。有诸:有之乎。犹言"此话真么"。

〔2〕 "交闻"五句:此曹交之言,"交闻"上省略"曰"字。十尺:古十尺约相当于今市尺六尺馀。古传记中,往往以身体长大美好为特殊人物的特点之一,曹交以为自己具有与文王和汤相同的形体上的特点,但只能消耗粮食("食粟而已")而无特殊才能,请教孟子。以长:犹言"以表现其长"。九尺四寸以长:等于说:身的长度达到九尺四寸。

〔3〕 奚有:即"何有",谓不难。是:指"为尧舜"的问题。为尧舜并不难,努力为之就成。

〔4〕 胜(shèng):即"胜任愉快"的"胜"。匹:一对。雏:刚出生的小鸡。钧:三十斤。我的气力拿不起一对刚出生的小鸡。这句是作为上句所提到的人思想上念着的一句话,按照"举百钧"句上有"曰"字的句例,此处也应有"曰"字,但语气稍急,省略了"曰"字。这意味着这人的自卑感,"举匹雏"显然不是不能,但随着自卑感而意志衰颓,兴趣低微,"则为无力人矣"。反之,这样念着:我要举百钧。这本不是容易的事,但因下定决心,毅然承当,努力迈进,那末,困难可以克服,"则为有力人矣"。这就是说,为"有力人"或"无力人",决定于自己的意志。

〔5〕 乌获:战国秦武王时著名的力士,能举千钧。任:负担。作名词用。而已矣:表决定的语气。根据上述理由,只要决心"举乌获之任",就能成为"乌获"。

〔6〕 患:顾虑。由此得出结论:人的顾虑不在不胜任,而在不为。

〔7〕 徐行:缓行。疾行:速行。长(zhǎng)者:年纪比较大的人。后:跟在后面。先:赶上前面。弟:顺。(儒家认为"顺"是能遵循五伦中长幼有序的原则的品德。)

〔8〕 "尧舜"二句:《论语》上说,孝弟是"为仁"的根本。尧舜以仁为标志,把孝弟的思想感情推及于天下来爱人和尊敬人,就是贯彻了仁,就成为尧舜。

〔9〕 "子服"八句:上"服"字是着衣,下"服"字指衣服。举穿着衣服为例,代表好的或坏的两种生活习惯。尧、桀两途,取决于自己的决心。

〔10〕得:犹言"可能"。馆:外来人住所。业:古代用以写书的大木版。受业:接受教本为弟子。当时孟子在邹国,曹交说,他可以去见邹君请借给住处,留在邹国,愿在孟子门前受业为弟子。

〔11〕有馀:不少。孟子的意思:从师不外学道,"道"像大路一样摆在面前,不难认识。人们的毛病不是"难知"而是"不求"("求"字的意义着重实行),大路上的老师不少,不在光啃书本。孟子以"仁"为"道","仁"贵实践(《礼记·中庸》篇:"力行近乎仁。"),实践中接触的人和事物都是老师。

章解

此章说明"人皆可以为尧舜"的道理。先说人们只要有明确的目标和坚定的意志,就能激发奋往直前的勇气,克服一切困难,达到预期的效果。比如乌获举千钧的惊人绝技并不是生成的,而是学成的,所以,人们只有"不为"的事,没有"不能"的事。次说学习方法,得从寻常生活实践和言语行动上体验出尧舜的高尚优越的品德,亦步亦趋地坚持学习,锻炼成为自己的习惯,久而成熟,也就和"尧舜"一样了。最后归结到学习注重实践,不是光从书本上找门路。

今之事君者章

孟子曰:"今之事君者曰:'我能为君辟土地,充府库[1]。'——今之所谓良臣,古之所谓民贼也。君不乡道,不志于仁,而求富之,是富桀也[2]。'我能为君约与国,战必克[3]。'——今之所谓良臣,古之所谓民贼也。君不乡道,不志于仁,而求为之强战[4],是辅桀也。由今之道,无变今之俗,虽与之天下,不能一朝居也。"[5]

注释

〔1〕 事君者:为臣的。辟土地:谓侵略邻国,开辟疆土。充府库:充实府库。谓搜括财富,加重剥削。

〔2〕 乡(xiàng):趋向。道:指仁义。桀:夏桀,公开不行仁政的暴君。

〔3〕 约与国:即"连诸侯"("求也为季氏宰"章)。与有相助的意义。克:胜。此句和上文"辟土地"句同例,表示"今之事君者"的又一说法,略去"曰"字。

〔4〕 强战:仗恃强力,发动战争。

〔5〕 "由今"四句:走今天的道路,不改变今天的习俗(横征暴敛和战争),虽然就把天下交给他,也不能保持到一个早晨。

丹之治水也愈于禹章

白圭曰:"丹之治水也,愈于禹。"[1]

孟子曰:"子过矣[2]。禹之治水,水之道也[3]。是故禹以四海为壑。今吾子以邻国为壑[4]。水逆行,谓之洚水——洚水者,洪水也——仁人之所恶也[5]。吾子过矣。"

注释

〔1〕 白圭:名丹,字圭。愈:胜过。

〔2〕 子过矣:你错了。

〔3〕 "禹之"二句:禹治水是顺着水所行的道路来治的。

〔4〕 壑:空处,消纳水的地方。吾子:"子"上加"吾"字表亲切的意思。白圭用筑堤防的方法治水(见《韩非子·喻老》篇),让水流往没有堤防的邻国去。

〔5〕 "水逆行"五句:堤防把水堵住,不是把水导往下行,而是让水倒流于邻国。水不得消纳于海,壅为灾害,就叫做"洪水",这是"仁人"所恶恨的。逆行:倒流。

鲁欲使乐正子为政章

鲁欲使乐正子为政[1]。孟子曰:"吾闻之,喜而不寐。"[2]

公孙丑曰:"乐正子强乎?"[3]

曰:"否。"

"有智虑乎?"[4]

曰:"否。"

"多闻识乎?"[5]

曰:"否。"

"然则奚为喜而不寐?"[6]

曰:"其为人也好善。"

"好善足乎?"

曰:"好善优于天下,而况鲁国乎[7]!夫苟好善,则四海之内,皆将轻千里而来告之以善[8];夫苟不好善,则人将曰:'"訑訑"!"予既已知之矣[9]"!'訑訑之声音颜色,距人于千里之外[10]。士止于千里之外,则谗谄面谀之人至矣[11]。与谗谄面谀之人居,国欲治,可得乎?"

注释

〔1〕 乐正子:名克,孟子弟子。为政:执政,主持国事。

〔2〕 不寐:睡不着觉。

〔3〕 强:有能力。

〔4〕 有智虑:有智慧谋略。

〔5〕 多闻识:知识广博。

〔6〕 奚:何。此句和"有智虑乎"、"多闻识乎"、"好善足乎"都是公孙丑问。

〔7〕 优:有馀。孟子说:好善,对于治天下都有馀,何况于治鲁国!

〔8〕 苟:假使真果的话。四海之内:犹言"天下"。此指天下之人。轻千里:不重视千里之远。

〔9〕 訑訑(yí):骄傲自满、不懂装懂的样儿。既:尽。人们描绘那不好善者拒善的态度和语言,说:"他么!'訑訑'的颜色和那'不用开腔,我尽都知道了'的声音,真够受啦!"

〔10〕 距:同"拒"。

〔11〕 士:指善士。谗:排斥异己,说人坏话。谄:揣摩意旨,导人于恶。面谀:当面奉承,讨人喜欢。

章解

　　此章阐明:为政不是专靠个人的能力、智慧、知识,而应该虚心地采集天下之善即众人的能力、智慧、知识来好好运用,才能搞好政治。相反地,骄傲自满、自以为是地拒绝众人的意见,那末,好话不入耳,好人不肯来,听的尽是奉承话,来的尽是自私自利的谄媚的人,政治就会搞得一塌糊涂,以致祸国殃民。

舜发于畎亩之中章

孟子曰:"舜发于畎亩之中[1],傅说举于版筑之间[2],胶鬲举于鱼盐之中[3],管夷吾举于士[4],孙叔敖举于海[5],百里奚举于市。[6]

"故天将降大任于是人也,必先苦其心志,劳其筋骨,饿其体肤,空乏其身,行拂乱其所为[7]。所以动心忍性,曾益其所不能[8]。人恒过,然后能改[9];困于心,衡于虑,而后作[10];征于色,发于声,而后喻。[11]

"入则无法家拂士,出则无敌国外患者,国恒亡[12]。然后知生于忧患,而死于安乐也。"[13]

注释

〔1〕 发:开始发展。畎亩:田间。舜原本在历山耕田,父母都不爱他,受了很多折磨,尧拔举他为相。

〔2〕 傅说(yuè):殷朝武丁时贤人。版:筑墙用的木板。傅说原在傅岩地方被人雇佣筑墙,武丁访求到,举以为相。

〔3〕 胶鬲:殷纣时贤人,贩卖鱼和盐,西伯姬昌(即周文王)举荐于纣,后来

又辅佐周武王。

〔4〕 管夷吾:即管仲。士:法官,主管狱囚。管仲原是齐国公子纠的臣僚。齐桓公和公子纠争夺君位,公子纠失败,管仲跟随逃到鲁国。齐桓公知道管仲能干,想用他,就派人向鲁君说:"公子纠是我的弟兄,请你杀他;管仲是仇人,我要亲自杀他,请你派人把他押送回齐国。"管仲戴上刑具,作为罪人,被押解至齐,桓公立刻拔举他为相。

〔5〕 孙叔敖:春秋时楚国隐士,居住海滨;楚王知其贤,举以为相。

〔6〕 百里奚:春秋时虞国人,见虞君不足有为,逃往楚国,被楚人捉住,使养牛;秦穆公知其贤,把他赎买到秦国,举以为相。市:买卖的意思。从被赎买而为相,故曰"举于市"。

〔7〕 天:见"伊尹以割烹要汤"章。大任:天下重大的责任。饿其体肤:饥饿其身体,表现为肌肤瘦瘠。空(kòng)乏:资财缺乏。空乏其身:使身受贫穷之苦。行:经历。拂:反逆。所为:心所欲为。根据上述舜等的事实,可见天要把"大任"降给某人身上时——即是一个人将要从宇宙间的客观情势承受到天下重大任务的时候,必定先经过种种困苦折磨,弄得他心里熬煎,筋骨劳累,受尽饥饿贫穷,其所经历总是矛盾、冲突,违反他的心愿,打乱他的计划。

〔8〕 曾:同"增"。曾益:帮助。这样,就使得他活动和锻炼着他的心思("动心"),坚韧着他的性格("忍性"),帮助着他的"不能"。

〔9〕 恒:经常,多次。过:错误,失败。

〔10〕 困:艰苦。衡:错综复杂的意思。作:创造。经过艰苦的思想斗争和错综复杂的忧虑,才能创造出新的东西。

〔11〕 征:证验。色:容貌。喻:了解,感动。劳心焦思、历尽艰苦折磨的特出人物,在锻炼的过程中,往往表现为形容憔悴或发出悲愤的歌声,就使得人们了解和感动。

〔12〕 入:指在国内。出:指在国外。法家:指能坚持法制、纪律的臣僚。拂(bì):同"弼",辅导、纠正的意思。国内容纳"法家弼士",就能使国君改正错误,锻炼才能;国外若有"敌国外患",就能使国君经常提高警惕,修明政治。否则,国君骄傲自满,拒绝善言;又以为太平无事,可以自由散漫,习为享乐腐化;那末,这

173

类国家往往会遭到灭亡。

〔13〕 "然后"二句:由此可知:生存从忧患中增长,死亡从安乐中积累。

章解

　　此章说明有作为的人物的成就是艰苦奋斗得来的,是没有安闲平顺的道路可走的。人们要能正视矛盾,经受折磨,奋往前进,不在任何困难和失败下低头,经得起考验,才能锻炼出担当"大任"的力量和本领。而客观环境对自己的矛盾,正是培养和增长这种精神的有利条件。如果避免矛盾,畏难苟安,任运流转,那就会堕落腐化,自取灭亡。所以说:"生于忧患,而死于安乐也。"在人如此,作为一个"国"来说,也是从艰苦奋斗中成长起来的。

舜之居深山之中章

孟子曰:"舜之居深山之中[1],与木石居,与鹿豕游,其所以异于深山之野人者几希[2]。及其闻一善言,见一善行,若决江河,沛然莫之能御也。"[3]

注释

〔1〕"舜之"句:舜曾耕于历山。

〔2〕几希:很少。

〔3〕决:挖缺口放水。沛然:大水澎湃、莫能制止("御")的样儿。

章解

在"子路人告之以有过"章里,孟子指出舜的伟大在于"乐取于人以为善"。"若决江河"那样勇猛而自然的形象,正描写"乐善"的心情。"深山野人"表纯朴的本质。

易其田畴章

孟子曰:"易其田畴,薄其税敛[1],民可使富也;食之以时,用之以礼,财不可胜用也[2]。民非水火不生活;昏暮叩人之门户、求水火,无弗与者,至足矣[3]。圣人治天下,使有菽粟如水火。菽粟如水火,而民焉有不仁者乎?"[4]

注释

〔1〕易:治理。畴:田亩和田亩连缀成为广大的"田畴"。税敛:税收。

〔2〕之:指财富。时:谓必要时。礼:谓一定的制度。胜(shèng):尽。不可胜用:用不完。

〔3〕至足:多得很。对求者没有不给予的,其原因就是"至足"。

〔4〕焉有:何有。大家富裕,就能相爱。

章解

此章说明财富丰裕而后人民相爱的道理。因为财富丰裕,生活资料用不完,人与人之间"无弗与者",打破了悭吝,生活上的私有观念显得不重要,而互相帮助成了寻常的事,这就是人民的仁的表现。

孔子登东山章

孟子曰:"孔子登东山而小鲁,登太山而小天下[1]。故观于海者难为水,游于圣人之间者难为言[2]。观水有术,必观其澜[3];日月有明,容光必照焉[4]。流水之为物也,不盈科不行;君子之志于道也,不成章不达。"[5]

注释

〔1〕 东山、太山:都在鲁国境内,"太山"即泰山,比"东山"更高。小:作动词用,把鲁、天下看得很渺小了。

〔2〕 难为:显得不够。孟子把所谓"圣人之门"比作"海",见过海的,觉得寻常沟池的水太不够了;进入"圣人之门"的,觉得"一家之言"不够味了。

〔3〕 术:方法。澜:大波。波澜的特点是:后浪推前浪,新的代替旧的,不舍昼夜,不断向前发展。波澜壮阔成为海水的洋洋大观,这比喻"圣人之门"内容丰富,文采巨丽。

〔4〕 "日月"二句:孟子又把圣人的高明比作"日月"。容光:小缝隙。日月的光明照尽一切角落,无微不至。

〔5〕 "流水"四句:君子趋向于道,和流水趋向于海一样。流水必要把经过的空处装满了才又流行,君子学道,必须有步骤,不可能躐等取巧、急躁冒进。

科:空虚。章:具有一定规模和内容的业绩。不成章不达:没有一个一个地循序渐进的业绩的累进,不可能发展到伟大的成就。

章解

　　此章说明:(1)伟大的成就不同于寻常的业绩,而是包罗万象、丰富多彩的;(2)伟大的成就是寻常的业绩有步骤、有条理的点滴积累,要通过坚持不懈的积极劳动来完成的,不可能侥幸冒进、获得成功。

有为者章

孟子曰:"有为者辟若掘井[1],掘井九轫,而不及泉,犹为弃井也。"[2]

注释

〔1〕 有为者:有所作为的人。辟(pì):同"譬"。

〔2〕 轫:与"仞"通用,八尺曰"仞"(古书注释中也有说"七尺曰仞"的)。犹:仍然。弃井:废井。有为者必定要取得最后的成功才罢手;半途而废,全功尽弃,没有用处。

道则高矣美矣章

公孙丑曰:"道则高矣,美矣!宜若登天然,似不可及也;何不使彼为可几及,而日孳孳也?"[1]

孟子曰:"大匠不为拙工改废绳墨,羿不为拙射变其彀率[2]。君子引而不发,跃如也;中道而立,能者从之。"[3]

注释

〔1〕宜:应该,可能,表示推论或设想语气的副词。孳孳:同"孜孜":勤勉。公孙丑认为道很高很美,可能被设想为像天一样似乎不可达到。何不把它的境界降低一点,使它被看来为可能努力达到,以鼓励人们的勇气,不断地努力上进。

〔2〕匠:木工。大匠:工师,掌墨绳。为:音 wèi,下同。拙工、拙射:都指人而言。改废:改变或废弃。绳、墨:木工用作审定曲直标准的工具,此指木工技术的一定的标准。羿:古代著名的射手。彀(gòu):张弓、瞄准的技巧。率(lù):准的,箭靶子。彀率:指技巧和准的相结合的一定的技术标准。

〔3〕君子:指教人学道的人。引:张弓。发:发箭,射出。跃如:活跃地,跃跃欲出。虽然没有发箭,但怎样瞄准准的、保证必中的巧妙、生动的思想活动却已活跃地充分表现在"引而不发"的时候,只待学者灵活体会在自己的实践上;教者的"不发",就只是不能代替学者的思想活动和实践。中道而立:立于道之

中——因为道不是脱离人们生活实践、神妙莫测的东西,偏高偏低,就会脱离实际,就不是道,即是说不在道之中了。立于道之中(意味着照顾全面不脱离实际)以引导学者,凡是具有学习能力的人("能者",这不是指特殊天才)都能努力跟得上("从之")。如果人为地降低标准,就会脱离客观实际,就不是道。这需要学者从实践中去努力。

不仁哉梁惠王也章

孟子曰:"不仁哉,梁惠王也!仁者以其所爱,及其所不爱;不仁者以其所不爱,及其所爱。"[1]

公孙丑曰:"何谓也?"

"梁惠王以土地之故,糜烂其民而战之[2],大败,将复之[3],恐不能胜,故驱其所爱子弟以殉之:是之谓以其所不爱及其所爱也。"[4]

注释

〔1〕"仁者"四句:土地所以养人民,人民最重要,土地的重要性比人民小;因此,"所爱"的应当是人民,"所不爱"的是土地。仁者为了养"所爱"的人民,推爱及于"所不爱"的土地;不仁者为了争夺"所不爱"的土地,牺牲"所爱"的人民。

〔2〕"梁惠王"二句:此句以下皆孟子所言,上省"曰"字。糜烂其民:使人民粉身碎骨。

〔3〕复之:谓继续再战。

〔4〕殉:跟着牺牲。"晋国天下莫强焉"章所说"东败于齐,长子死焉"即

"驱其所爱子弟以殉之"的事。"子弟"尚且被牺牲,人民就更不足爱惜,这是不仁的典型。

尽信书则不如无书章

孟子曰:"尽信书,则不如无书。吾于《武成》[1],取二三策而已矣[2]。仁人无敌于天下,以至仁伐至不仁,而何其血之流杵也?"[3]

注释

〔1〕《武成》:古《尚书》篇名,内容说周武王伐纣事,今已不存。《伪古文尚书》中的《武成》不是孟子所说的《武成》。

〔2〕策:古代纸未发明的时候,用漆书写文字于竹片或木片上,一个竹片名为"简",编联若干简名为"策"。

〔3〕"而何其"句:《武成》中有"血流漂杵"的话。杵:舂米的木棒。战斗时杀人多,血流成河,把木棒都漂流去了。孟子认为武王伐纣,殷人都来欢迎,哪有多杀人的事,因而不信这些记载。这说明孟子对古书的"去伪存真"的批判态度,他不一味地迷信古书。

民 为 贵 章

孟子曰:"民为贵,社稷次之[1],君为轻。是故得乎丘民而为天子[2],得乎天子为诸侯,得乎诸侯为大夫[3]。诸侯危社稷,则变置[4]。牺牲既成,粢盛既絜,祭祀以时[5];然而旱干水溢,则变置社稷。"[6]

注释

〔1〕 社、稷:土神、谷神。建立社稷,为民祈祷丰年。

〔2〕 丘民:民众。丘:有聚积、众多的意义。此言得广大民众的拥戴,才得为天子。

〔3〕 "得乎"二句:得天子的信任,被封为诸侯;得诸侯的信任,被命为大夫。

〔4〕 变置:另立。诸侯有保土安民、主祀社稷的责任。据《孝经》说,诸侯要不骄不傲,守法节用,才能保持自己的地位,然后才能"保其社稷"——即保持其主祀社稷的君位。那末,诸侯如果骄奢淫佚,纵欲乱法,就不能"保其社稷"——即不配承当主祀社稷的君位,这叫做"危社稷",就应当另立贤诸侯。

〔5〕 牺牲:用以供祭祀的牛、羊、豕。牺牲必须养得肥壮,才足以表示对神的诚敬。既成:即牺牲的肥壮程度已够标准。粢盛:黍稷曰"粢",黍稷盛在器内

曰"粢盛"。絜:同"洁"。以时:春秋二祭不失时。

〔6〕"然而"二句:人民对社稷既已诚敬,然而还有旱灾水灾,不利于人民,那是社稷之神不称职,就得另立社稷。据说,远古以勾龙为社神(以其能平水土),以柱为稷神(以其能植百谷)。殷汤时大旱,乃废柱,另立弃为稷神。

章解

此章说明君和社稷都是为人民的利益而设置的,反人民利益的就应该被废弃。"诸侯危社稷则变置"是对"君为轻"的意义的说明,但对于得罪于"丘民"的天子,怎么办？这从"汤放桀"章"闻诛一夫纣矣,未闻弑君也"句和孟子到处颂扬汤、武的意义上,可以看出孟子的意思是:天子得罪于人民,由实行王道、受到人民拥戴的诸侯代表人民意志来"变置"他。

山径之蹊间章

孟子谓高子曰："山径之蹊间,介然用之而成路[1];为间不用,则茅塞之矣[2]。今茅塞子之心矣。"[3]

注释

〔1〕 山径:山坡倾斜处。蹊(xī):是经过人或兽践踏的地上迹印。蹊间:指迹印丛杂处。介:有"独特"的意义。介然用之:作为特定路线经常行进。

〔2〕 为间(jiàn):间断,隔绝。不用:即"不行"。茅:茅草。

〔3〕 "今茅"句:思想经常改造,步步实践,正如小蹊走成大路一样,不断得到提高;如果改造工夫间断,正如熟路变成荒径、茅草丛生一样,思想就会落后,走入迷途——这就是孟子批评高子的意思。

人皆有所不忍章

孟子曰:"人皆有所不忍,达之于其所忍,仁也[1]。人皆有所不为,达之于其所为,义也[2]。人能充无欲害人之心,而仁不可胜用也[3]。人能充无穿逾之心,而义不可胜用也[4]。人能充无受'尔汝'之实,无所往而不为义也[5]。士未可以言而言,是以言餂之也;可以言而不言,是以不言餂之也:是皆穿逾之类也。"[6]

注释

〔1〕 不忍:爱怜。所不忍的比如父母妻子,当他们有痛苦时,我心里总觉得不忍;所忍的比如外人,当他们有痛苦时,我心里就没有那么不忍。达:贯彻的意思。把对父母妻子的"不忍"贯彻到外人身上,这就是仁。

〔2〕 所不为:受客观条件的限制,不能任所欲为,因而有所不为,比如处贫穷时。所为:环境对自己有利,可以任所欲为,比如处富裕时。当贫穷时,对生活不能不严谨,情欲不能不克制;把这种精神贯彻到富裕时,那就不会放纵、贪婪,这就是义的表现。

〔3〕 充:充实,扩大。胜:尽。人们一般总有不欲害人的思想,把它充实、扩大起来,就会感到天下人都是爱的对象,对天下人有利益的事都乐意去做,那末,

所行所为都是仁的表现,我所有的仁是使用不完的。

〔4〕 穿:谓穿壁打洞。逾:谓翻墙越屋。"穿逾"是小偷的行动。人们一般总是不做小偷的,把这样的思想充实、扩大起来,也即是把它严格要求起来,那末,对任何非其所有的都不妄取,所行所为都是义的表现,我所有的义是使用不完的。

〔5〕 尔汝:尔、汝是上对下或尊对卑的第二人称,不含有礼貌的意味。如果不是上级或长辈而用这种称谓,就是轻贱,受者引为耻辱,这是人们所不接受的。把这种不受轻贱、不甘耻辱的精神实质充实、扩大起来,就愈能加强自尊心,增长志气,要在天地间做一个高尚纯洁的人。那末,所行所为无所往而不是为义。

〔6〕 話(tiǎn):探取。"未可以言"的人和"可以言"的人,作为"士"的对象,俱指尊贵者。"士"对于"未可以言"的尊贵者,明知对他说是丢话,却偏要和他攀谈;那是用"言"作为手段来窥测方向,摸索道路,揣摩对方的好恶心情,以便进一步迎合上去,从他身上得到好处。至于对"可以言"的尊贵者,能言的"士"当着正好畅所欲言的对象,却故意不与之言;则是用"不言"作为手段藉以窥测对方在此出乎意外的情况下所表现的态度,探取对方思想感情的变化,以便投其所好,进行谄媚。——两者都是用秘密探取的手段,盗窃别人隐藏在心里的东西,和"穿逾"的行径是一类的。

章解

此章说仁、义的运用有由此及彼,由小到大,由消极转化为积极等方式;并对义作进一步的分析,除不妄取、不妄为外,还指出自尊心的积极作用,尤其深刻的是指出那卑鄙、狡猾的隐微不显、自以为得计的"不义"思想,是和人所共见的小偷行为一样的可耻。

说大人则藐之章

孟子曰:"说大人,则藐之,勿视其巍巍然[1]。堂高数仞,榱题数尺,我得志弗为也[2];食前方丈,侍妾数百人[3],我得志弗为也;般乐饮酒,驱骋田猎,后车千乘[4],我得志弗为也。在彼者皆我所不为也,在我者皆古之制也,吾何畏彼哉!"[5]

注释

〔1〕 说(shuì):游说,游历各国,对国君或有权势的尊贵者,拿自己的主张去说服他们。大人:尊贵者。藐:轻视。巍巍然:高大的样儿。

〔2〕 仞:八尺曰"仞"。榱(cuī)题:伸向檐前的屋桷子。"榱"是屋桷,"题"是前端。数尺:指距地的高度。得志:得行其志而居高位。

〔3〕 "食前"二句:食品陈列在前面占着一丈见方那么宽的地方,非正室的女色至数百人之多。

〔4〕 般(pán)乐(lè):流连、放纵的享乐。驱骋:车马奔跑。

〔5〕 彼:指所谓"大人"。在彼者:指上面所说的宫室、饮食、女色、田猎、车马等穷奢极欲的、自以为表示他的威势和尊严的东西。古之制:指古圣人所规定的克己、节俭的生活制度,这足以表示作为真正的"大人"的高尚品德。我理直气壮,对于那"巍巍然",方且以为耻,何畏彼哉!

章解

　　"说大人"的目的是说服大人,但若被大人的威势所吓倒,就挫抑了说者的斗争勇气,还能说服他么?构成"大人"的威势的是富贵,说者被吓倒的原因是由于贪慕富贵,失掉了自己的自尊心和自信心。因此,坚定意志,加强自己鄙视富贵的心情,斗争勇气就会自然而然地向前冲击。"在彼者"、"在我者"两句正表现着"富贵不能淫"的豪迈气概。

孔子在陈章

万章问曰:"孔子在陈[1],曰:'盍归乎来[2]!吾党之士狂简,进取,不忘其初。'[3]孔子在陈,何思鲁之狂士?"

孟子曰:"孔子不得中道而与之,必也狂狷乎——狂者进取,狷者有所不为也。孔子岂不欲中道哉?不可必得,故思其次也。"[4]

"敢问何如斯可谓狂矣?"[5]

曰:"如琴张、曾皙、牧皮者[6],孔子之所谓狂矣。"

"何以谓之狂也?"[7]

曰:"其志嘐嘐然,曰:'古之人!古之人!'夷考其行而不掩焉者也[8]。狂者又不可得,欲得不屑不絜之士而与之[9]——是狷也,是又其次也。孔子曰:'过我门而不入我室、我不憾焉者,其惟乡原乎!乡原,德之贼也。'"[10]

曰:"如何斯可谓之乡原矣?"[11]

"曰:'何以是嘐嘐也!言不顾行,行不顾言,则曰:"古之人!古之人!"行何为踽踽凉凉!生斯世也,为斯世也,善斯可矣。'阉然媚于世也者,是乡原也。"[12]

万子曰:"一乡皆称原人焉,无所往而不为原人,孔子以为德之贼,何哉?"[13]

曰:"非之无举也,刺之无刺也;同乎流俗,合乎污世;居之似忠信,行之似廉絜。众皆悦之,自以为是,而不可与入尧舜之道:故曰'德之贼也'[14]。孔子曰:'恶似而非者:恶莠,恐其乱苗也;恶佞,恐其乱义也;恶利口,恐其乱信也;恶郑声,恐其乱乐也;恶紫,恐其乱朱也;恶乡原,恐其乱德也。'[15]

"君子反经而已矣。经正则庶民兴,庶民兴,斯无邪慝矣。"[16]

注释

〔1〕 陈:春秋时国名,今河南淮阳一带地方。

〔2〕 盍:何不。来:作为句末助词用,无义。

〔3〕 吾党:五百家为"党",乡里聚居的意思。"吾党"犹言"吾乡"。吾党之士:指当时留在鲁国本乡的孔子弟子。狂:不守常规。简:志大言大。不忘其初:没有改变旧来的情况。(所引孔子之言,大意略见《论语·公冶长》篇)

〔4〕 中道:无过无不及。与:许,奖励。必也狂狷(juàn):不得不奖励狂狷啦!此句紧接上句,"必也"下省略"与"字。狷:孤介。以上文句,《论语·子路》篇记录为孔子之言。

〔5〕 "敢问"句:此句万章问,省略"曰"字。

〔6〕 琴张:即子张,姓颛孙,名师,善鼓琴。曾皙:名点,曾参父。牧皮:亦孔子弟子。

〔7〕 "何以"句:此句万章问,省略"曰"字。

〔8〕 嘐嘐(xiāo)然:志大言大的样儿。夷考:分析、考察、平时留心。狂者志大言大地开口"古之人",闭口"古之人",但考察其行为,就掩盖不住自己的言论。

〔9〕 絜:同"洁"。下同。不屑不絜:不屑意为不洁之行。

193

〔10〕"过我门"四句:过我门而不入我室来看我,是对我不尊敬的表示,但我却不感到遗憾,因为这个人正是我不喜欢见的。乡原(yuàn):"乡原"是伪君子,假的把真的贼害了("乡原德之贼也"又见《论语·阳货》篇)。孟子引孔子惟独对"乡原"深恶痛绝这一番话,说明孔子取人的标准是宽大的,除了虚伪、"乱德"的"乡原"以外,只要是老实的,虽然有缺点,不合"中道"的人,总有可取处。

〔11〕"如何"句:万章问:怎样才叫"乡原"?

〔12〕"何以是"十二句:解释这段文义之先,需要略说一下"狂"、"狷"、"乡原"的大概情况:狂者志趣远大,但实践不够,狷者洁身自好,但不合时宜——两者都有偏向;然而"乡原"呢,好像要想纠正两者的偏向,但是虚伪的,同时,两者的优点在他身上一点也没有,相反地,他志趣卑下,行为龌龊,却能装模做样,善于欺骗、奉承,讨众人的喜欢。踽踽(jǔ):独行、孤单的样儿。凉凉:冷落的情景。阉(yān):阉人,太监。阉然:像太监那样巴结、谄媚的卑鄙样儿。孟子先描述"乡原"的思想情况:"'乡原'心里这样想着:'狂者何必那样志大言大呢!言行不一致地开口闭口"古之人,古之人"!狷者何必那样孤单、冷落!生在今世,只要讨得世俗人说好就对啦!("为斯世也,善斯可矣")'"之后,孟子接着说:"那末,毫无志趣,像太监一样,只知道巴结、谄媚人的,就是'乡原'。"此段中第一个"曰"字,是作为"乡原"这样说,省略主词"乡原"。第二个"曰"字,是"乡原"口中描述"狂者"这样说,省略主词"狂者"。第一个"曰"字上面,省去了表示孟子说话的"曰"字。

〔13〕万子:即万章。原人:即"愿人"。愿:谨慎、长厚的意思。万章说:"既然被一乡的人称为'愿人',那末,'愿人'就不算坏,走到任何地方总是'愿人'(意思说,'愿人'到处都走得通,为社会所赞许),孔子为什么认为是'德之贼'呢?"

〔14〕"非之"九句:孟子的意思:"乡原"的恶,隐藏得很深,掩饰得很巧,以致要批评他又举不出事例,要讥刺他又拿不到可讥刺的错误;他志趣卑下,混同于庸俗的人;他行为阴险,投合于污浊之世;居心好像忠厚,做事好像廉洁;利用社会弱点,迎合低级趣味。众人也就都喜欢他,他自以为得计,其实,只有把社会导向不良的风气而不可以"人尧舜之道",所以说是"德之贼也"。

〔15〕"恶(wū)似"六句：说明为什么"恶乡原"。莠(yǒu)：不结实而类似禾苗的草。佞(nìng)：讨好献媚、迷惑众人的巧言，因其淆乱是非，故曰"乱义"。利口：说得天花乱坠、头头是道而毫无意义的欺骗说法。乱信：不真实。郑声：春秋时郑国的音乐，好听而不合于古乐。紫：带黑的红色。朱：正红色。君子有德，"乡原"是伪君子，故曰"乱德"。（"紫"、"郑声"、"利口"三句，文义略同《论语·阳货》篇。）

〔16〕反：同"返"，回复。经：正常之道。兴：兴起，行动起来。邪慝：邪恶。孟子的意思：狂狷都有偏向，乡原更是伪君子，都不是正常之道；真正的君子与此相反——不虚伪，不好高骛远，不孤僻傲众——回复到老老实实、切实可行的正常之道而已矣。这正常之道被君子以身作则地正确建立起来，民众就会兴奋地跟着行动起来而不走向邪恶的道路。

章解

　　此章由万章问"狂士"说到"狂狷"，由"狂狷"说到"乡原"，一问一答地导向深入，点明主题——反对"乡原"。其次，用"狂狷"作衬托，指出"乡原"虽能批评"狂狷"的缺点，却是"阉然媚世"的伪君子；这说明"狂狷"和"乡原"有本质优劣的区别。再次，从"乡原"的灵魂深处，分析其思想本质，揭露其卑鄙心情和虚伪、丑恶的面目。从而列举现象似是、本质实非的典型类例，综论"虚伪"的毒害，证明孔子对败坏品德的伪君子所以深恶痛绝的正确性。最后，归结到真正的君子老老实实、切实可行的正常之道。

知 识 链 接

【文学常识】

一、作家介绍

孟子(约前372—前289),名轲,邹国(今山东邹城东南)人,战国时期思想家、政治家、教育家。孟子是贵族后裔,受业于孔子之孙子思的门人,是儒家曾子、子思学派的继承者和发扬者。为了实现抱负,孟子曾游历宋、齐、鲁、梁等多国,向各国诸侯荐说自己的政治主张,但都没有被真正采用。其后,孟子著书立说,教授门徒,并和弟子万章、公孙丑等把他的政治主张、哲学理论、教育纲领等整理成书,即今天我们所见的《孟子》七篇。

二、作家评价

孟轲师子思,子思之学,盖出曾子。自孔子没,群弟子莫不有书,独孟轲氏之传得其宗。……故求观圣人之道,必自孟子始。

——唐·韩愈:《送王秀才序》,《全唐文》第五百五十五卷,中华书局1983年版

或问于程子曰:"孟子还可谓圣人否?"程子曰:"未敢便道他是圣人,然学已到至(圣)处。"

程子又曰:"孟子有功于圣门,不可胜言。仲尼只说一个仁字,孟子开口便说仁义。仲尼只说一个志,孟子便说许多养气出来。只此二字,其功甚多。"

又曰:"孟子有大功于世,以其言性善也。"

又曰:"孟子性善、养气之论,皆前圣所未发。"

——南宋·朱熹:《孟子集注》之《孟子序说》,《四书五经》,中国书店1985年版

三、作品评价

孟子长于譬喻,辞不迫切而意以独至。

——东汉·赵岐:《孟子章句》之《孟子题辞》,《十三经注疏》,中华书局1980年版

孟子之文,语约而意尽,不为巉刻斩绝之言,而其锋不可犯。

——宋·苏洵:《上欧阳内翰书》,《嘉祐集》卷十一,四库全书本

孟子生当周季,渐有繁辞,而叙述则时特精妙。

——鲁迅:《汉文学史纲要》,《鲁迅全集》第九卷,人民文学出版社2005年版

孟子散文的特点是气势充沛,感情强烈,笔带锋芒,富于鼓动性,有纵横家、雄辩家气概。

——游国恩、王起、萧涤非、费振刚主编:《中国文学史》(修订本)第一册,人民文学出版社2002年版

四、关于古代散文

我国古代散文伴随文字的发明而产生,随着社会进步而发展成熟。殷商西周时期的甲骨卜辞和铜器铭文是散文的早期形态,而大约结集于西周后期的《尚书》是现存最早的散文总集。先秦时期产生了大量在文体上已经发展成熟的历史散文和诸子散文,前者包括《春秋》、《左传》、《战国策》等,后者包括《论语》、《孟子》、《庄子》、《荀子》、《韩非子》等。这些散文对后世产生了重要而深远的影响,例如汉代司马迁的《史记》从《左传》、《战国策》等历史散文中汲取丰富的营养,贾谊、晁错等人的政论文则得益于诸子散文。魏晋南北朝时期,散文文体概念进一步明确——即一是区别于韵文,指不押韵的文章;二是区别于骈文,指句法不整齐的文章。到了唐宋时期,以唐宋八大家为代表的古文家大量写作散文,使古代散文的艺术成就达到高峰。其后,明代有清新隽永的小品文,清代有以"义理、考据、词章"为创作主张的桐城派古文,都是古代散文的进一步发展。

直到20世纪初五四新文化运动以后,随着西方文艺理论的介绍,散文的概念也得到了新的阐释和确立,成为与诗歌、小说、戏剧并列的一种文学形式。

五、关于"先秦诸子"

我国的春秋战国之际是社会大变革的时代,由庶民上升或由贵族没落而成为不农、不工、不商的"士"的阶层,他们大多是有学问有才能的人,在学术流派上表现为儒家、墨家、道家、法家、农家、纵横家等;当时的诸侯卿相从维护自己的利益出发争相养士,这些士也就活跃在当时的政治舞台上,他们就是"先秦诸子"。先秦诸子为了表达政治主张和学术观点,著书立说,争辩不休,形成了百家争鸣的局面,于是当时的诸子散文蓬勃发展。其中最重要的是儒家、墨家、道家和法家。《论语》、《孟子》、《荀子》、《墨子》、《老子》、《庄子》、《韩非子》分别是这四家的代表著作。

【要点提示】

一、《孟子》体现的民本思想和性善论

孟子主张仁政,"民贵君轻"是其思想精华,提出了"民为贵,社稷次之,君为轻"的观点(《尽心下》,见本书《民为贵章》)。这种政治主张的哲学基础是"性善论"和"良知论"。他认为君子应该"以仁存心,以礼存心",而"仁者爱人,有礼者敬人。爱人者,人恒爱之;敬人者,人恒敬之"(《离娄下》,见本书《君子所以异于人者章》)。提倡与人为善、仁爱礼让,这样的道德主张在建设和谐社会的今天依然是可以借鉴和参考的,在阅读《孟子》篇章时要注意结合现实去理解。

二、《孟子》文章的论辩特点和充沛纵横的气势

《孟子》以语录体为主,但大多是长篇大论,是比较成熟的说理文。这些说理文论战性强,感情充沛,言辞机敏,气势雄健,

锋芒毕露,体现了战国中期的时代特征和孟子本人的个性色彩。例如孟子在提出"大丈夫"的形象时说道:"是焉得为大丈夫乎?子未学礼乎?……居天下之广居,立天下之正位,行天下之大道;得志,与民由之;不得志,独行其道。富贵不能淫,贫贱不能移,威武不能屈,此之谓大丈夫。"这一段话气势如排山倒海,读来淋漓痛快,我们在阅读的时候应该去充分感受。

三、《孟子》中大量使用比喻和寓言

《孟子》非常擅长使用比喻和寓言来说理,据不完全统计,《孟子》全书二百六十章,一共使用了一百六十多个比喻。这些比喻浅显易懂、生动活泼,使我们在阅读的时候感到轻松愉快。例如孟子在《离娄上》提出仁政思想时,首先用了两个比喻:"离娄之明、公输子之巧,不以规矩,不能成方圆;师旷之聪,不以六律,不能正五音。"用"规矩"对于工匠、"六律"对于音乐家的重要性来比喻仁政对于治理天下的重要性。寓言故事在《孟子》中也十分引人注目,它们篇幅不长但十分精彩,例如《公孙丑上》中"揠苗助长"的故事,只用了短短四十馀字就记叙了一个完整的事件,有人物、行为、语言,甚至还显示了人物神态和情绪。我们在阅读的时候对这些比喻和寓言应该充分理解,并掌握它们对整篇文章产生的效果。

四、写出下列各名句的上句或下句。

1._____,以及人之老。(《孟子·梁惠王上》)

答案:老吾老(1994年全国语文高考试题)

2.富贵不能淫,贫贱不能移,_____。(《孟子·滕文公下》)

答案:威武不能屈,此之谓大丈夫(1996年全国语文高考试题)

五、补写出下列名句名篇中的空缺部分。

1.老吾老,以及人之老;____,____:天下可运于掌。(《孟子·梁惠王上》)

答案:幼吾幼,以及人之幼(2004年全国语文高考试题·辽宁卷)

2._____,申之以孝悌之义,_____。(《孟子·梁惠王上》)

答案:谨庠序之教、颁白者不负戴于道路矣(2004年全国语文高考试题·重庆卷)

3._____,不能成方圆。(《孟子·离娄上》)

答案:不以规矩(1995年全国语文高考试题)

【学习思考】

一、应该通读本书所选《孟子》的各个篇章,根据语文教材对《孟子》的选收,可以重点精读一些章节。例如《齐桓晋文之事》一章,集中体现了孟子的仁政主张,而且行文大气磅礴、感情激越,有锐不可挡的说理气势。仔细体会一下,文章是如何运用以小见大、举例譬喻以及反衬手法来说理的?再如《庄暴见孟子》一章,读后可以总结一下孟子是以怎样的对话方式巧妙地说服齐宣王的?

二、总结一下本书所选《孟子》篇章中有哪些寓言故事,它们在文中被用来说明的是哪些道理或主张?

三、在写作议论文的时候,可以参照本书所选《孟子》篇章的行文布局,学习孟子的说理方式,尝试在自己的写作中运用这些布局和方式。

(胡文骏 编写)